週休2日でも

強い部活にできる!

部活動顧問の仕事のルール

倉岡正英 著

明治図書

まえがき

私は、部活動運営と指導力は、教師の学級経営と授業力と同じだと思っています。

二〇一八年三月、スポーツ庁から「運動部活動の在り方に関する総合的なガイドライン」が示され、各都道府県教育委員会、市区町村教育委員会、そして各学校で運動部活動の運営方針が策定されました。

そして適切な休養日の設定として、週二日以上の休養日を設けることとなり、土曜日及び日曜日は、いずれか一日を休養日としなければならなくなりました。

さらに、当たり前のように行われてきた朝練（朝の練習）にも制限がかかり、今までのような練習や試合の「量」、特に長い活動時間によって力をつける部活動指導ができなくなりました。

「これでは全然強くならない」「朝練がないと、子どもたちの遅刻が増える」といった現場の教員の不満の声が聞こえてくる一方で、子どもたちの安心した表情も見ることができ、これが生徒の本音だと感じました。

週休二日になったことによって、今までより活動が制限される中で、私は、今こそこれまで自分の頭の中で考えていた部活動改革を実行するチャンスだと思い、自分なりの部活動改革に着手しました。

部活動改革といっても、これまで多くの学校で実践されてきたことばかりですが、それらを参考に、自分の学校や子どもたちに合うように工夫しました。

また、学級経営や授業で効果がある指導方法も、部活動に取り入れるようにしました。

結論から言うと、部活動の休みは増え、部全体の活動時間は以前より減りましたが、選手個々の活動量は増え、チームとしての活動の幅は広がり、成績もよくなっていきました。

そして、子どもたち一人一人がうまくなっていることを実感しました。

ただし、最初に断っておきますが、私のチームは、全国大会や関東大会に進めるような強豪チームではありません。

どこにでもある普通の公立中学校の部活動であり、チームです。

全国大会を目指すチームや部活動であれば、入部してくる子どもたちの質、部員数が最も大事だと思います。

しかし、公立学校ではなかなかそうはいきません。

毎年、「どんな子どもが入部してくれるのだろうか」「部員の数は多いだろうか」と頭を悩ませているのが現状だと思います。

私の学校では、十月末に中学校区の小学生を招いて部活動体験を行います。その時に、おおよその子どもたちの質や人数を把握することはできますが、それでも他の部活動に入部する、サッカーの場合はクラブチームでプレーするという選択肢があるので、入部してくるまでは不安を拭うことはできません。

幸い、ここ数年、ある程度の人数が入部してくれたおかげで、一年生だけでチームをつくって試合をすることができるようになりました。

ただ、選手の質や人数ばかりに頼っていては、部活動そのものは変わりません。逆に、部員数が多いことによって、活動場所が狭くなり、個々の活動量が減ってしまうこともあります。

中学校の場合、部活動に取り組める期間は約二年間、長くても二年半であり、とても短いものです。その短い期間の部活動を充実させるために、まず、人的・物的体制を整えることを私は行いました。

これまでの部活動は、よくも悪くも顧問の専門的な指導力に左右されていました。ある時、顧問の異動によって、振り回される部活動を目にしました。その姿を見て、顧問の異動の影響を受けずに、持続可能な部活動にしなければ、今後、学校が部活動を続けていくのは難しいと痛感しました。

そこで、まず、環境面の整備ということで、地域の人材を活用してスタッフをそろえることにしました。また、練習の効果を上げるためには、子どもたちの練習環境を整える必要があると思い、学校や保護者に協力を依頼しました。古くなったサッカーゴールのポストはきれいに真っ白になり、新しいサッカーゴールも設置されました。地域の施設を利用して練習や試合を行うこともできるようになりました。

ただし、どの学校でも同じですが、部活動で使える予算は限られています。全て新しい物を買えるはずがありません。

そのような時は、「お金がないなら、頭を使え」と自分自身に言い聞かせ、工夫しながら子どもたちの練習環境を少しずつ整えていきました。

次に行ったのは、教員としての力量を高めることでした。

先述の人的・物的体制を整えることは、「目に見えること」であり、即効性もあります。それに対し、教員としての力量を高めることは、「目に見えないこと」が多く、日々自分自身と向き合う必要があります。

例えば、伝え方です。子どもたちにどのような言葉で伝えたら効果があるのか、常に意識していました。本を読んだり、人の言葉を真似したりしながら、伝わる言葉を探し続けました。

ただ、私たち教員は部活動ばかりに力を注ぐことができるわけではありません。学習指導、行事の打ち合わせ、生徒指導の問題や保護者対応など、その仕事は多岐にわたります。

正直、そのような時は、部活動に行くのが面倒だったこともありました。

それでも、今の自分があるのは、部活動に足を運び、子どもたちと向き合ったからだと思います。

先日、ある試合で、先輩の顧問の指導を必死にメモし、常に子どもたちの側にいる新採用の先生を見かけました。その先生にとっては専門外の部活動担当ですが、子どもたちは先生の言葉に耳を傾けていました。

やはり、部活動は教育の一環であり、教員の熱は大事なのだと感じました。

本書には、週休二日以前の内容も含まれていますが、週休二日になっても私が変わらず実践してきたことばかりです。部活動が週休二日になったことで実践できたことも書いています。少しでも、皆さんの参考になれば幸いであり、交流ができたらと思っています。

目次

1章　部活動運営のルール

2章　練習・試合運営のルール

3章　チームづくりのルール

4章　技術指導のルール

5章　保護者・外部人材との連携ルール

6章　部活トラブル回避のルール

序章

ルールの前に

部活動の必要性

「部活があるから学校が楽しい」。それが、私の中学校時代でした。サッカー部に所属していた私は、部活動のおかげで心身ともにたくましくなることができ、中学校を卒業する頃には「先生になって部活をやりたい」と思うようになりました。

私の教員人生の始まりは、青森県十和田市立北園小学校でした。その当時の北園小学校は、サッカーやバスケットボール、野球などのスポーツ少年団に教員が関わっていましたので、私は「部活動」と思って、日々子どもたちと接していました。

土曜日も日曜日も、サッカーの指導に明け暮れていました。私は、大好きなサッカーの指導に携わることができ、毎日が楽しかったです。青森県内、東北、そして全国の指導者とお酒を酌み交わしながら、人脈が広がっていく楽しさもありました。同じ教員という立場の方もいたので、教員としての仕事のアドバイスももらうことができました。

現在、サッカー日本代表として活躍している柴崎岳選手ともサッカーの指導を通して出会うことができました。柴崎選手の小学校時代、青森県トレセンでコーチとなり、一緒にさまざまな相手と試合をし、各地へ遠征に行きました。振り返ってみると、今では本当によい思い出となっています。

私は、部活動を通して、多くのことを学ぶことができました。部活動がなければ、今の私はなかったと断言できます。

しかし、現在、「部活動はブラックだ」と言われるようになり、部活動そのものの存続が危うくなっています。

部活動における自分自身の指導を振り返ってみると、あまりにも部活動に力が入りすぎていた時期がありました。そして、部活動に夢中になりすぎて、大切なことを見過ごしていました。「試合に勝てないと、自分はダメな指導者だと思われてしまう」「休むと強くなれない」「暑さに負けないために、水を飲ませてはいけない」など、自分が体験した指導を当たり前だと信じて、子どもたちにも同じことをさせていました。

また、自分の初任時代の約二十年前と比較すると、教員の仕事も大きく変わってきたように感じます。教員自身にゆとりがあった以前と比べると、現在は仕事の量や質が変化し、教員が疲弊してしまい、そこに部活動がさらに重荷になっているように感じます。

本当は部活動だけが悪いわけではないのに、部活動が教育課程外でもあることから「部活動は価値がない、必要ない」とまで言われるようになりました。

では、部活動は必要ないのかと言われたら、私はそうは思いません。

なぜなら、部活動は日本独自のスポーツ文化であり、学校での重要な教育活動の一つだからです。

例えば、サッカーでは、部活動の他に、地域クラブやJリーグの下部組織でプレーするという選択肢があります。私は、部活動以外でプレーすることを否定しません。学校外で仲間をつくることも大切であり、専門的な指導を受けることで上達すると思っています。

ただし、**家庭の事情で部活動でしかサッカーをする機会がない子どももいる**のも事実です。そのような子どもにとって、部活動は仲間と一緒に活動できる大切な場であり、子どもにとっても欠かすことのできない受け皿になります。

また、**以前から言われていた生徒指導の面でも、部活動は大きな役割を果たしています。**

私たち教員が一番大切にするのは、「授業」ですが、部活動と学校生活がうまく連動すると、子どもたちは私たち教員の予想以上に成長していきます。

今、私たち教員が考えなくてはならないのは、部活動の在り方、運営の仕方です。

旧態依然としていては存続しなくなってきた部活動は今、新たな価値を創造し、変革する、すなわち「イノベーション」の時期を迎えています。

「イノベーションの三大原則」は次の三つだと言われています。

①今ある知識の違う使い方を見つける
②古いものをまったく別の視点から見る
③しがみついている過去と決別する

この三つの視点で考えていけば、部活動は変革できるのではないでしょうか。

例えば、③の「しがみついている過去と決別する」とは、「水を飲んではいけない」といった間違った部活動の過去の指導とさよならすればよいということを示しています。

私は、イノベーションの三大原則を基にして、部活動について考えて、さまざまなことに挑戦してきました。部活動に新たな価値を見出す、想像することで、これまでとは違う部活動の必要性が見えてくると思っています。

働き方改革と部活動指導

働き方改革の必要性が叫ばれる今、学校教育でも私たち教職員の働き方が問われるようになってきました。

マスコミやＳＮＳでも、「残業が多すぎる」「教材研究をする時間がない」「帰りがものすごく遅い」など話題になっています。

その中でも、特に部活動は、「大会が続いて休みがない」「もちたくない部をもたされている」など教員の不満や多忙感にあふれています。

そうした背景もあってか、部活動については「土日のどちらかを休みにする」「朝練はやらない」「部活動指導員を活用する」など、さまざまな対策が講じられています。

しかし、私の中では違和感があります。

その一つは、**働き方改革の根源となる「仕事の質」について論じず、「時間」ばかりで考えている**ということです。

守谷中学校でも勤務時間を管理するカードが教職員全員に渡されました。部活動については、「平日は二時間、休日は三時間までの活動とする（練習試合は除く）」といった通知が出されました。

しかし、このように「時間」ばかりに着目しても、本当に働き方改革の問題解決になるとは思えません。

例えば、授業の教え方で困っている教員がいたとします。この教員に対して、部活動の負担を軽減してあげることで、はたして授業の問題は解決するでしょうか。教材研究の時間は確保できるかもしれませんが、その時間を事務処理など別の仕事にあててしまっては問題の解決にはならないはずです。

私の勤務する学校には、部活動ですばらしい結果を残している教員がたくさんいます。その教員と他の教員の違いは、単なる練習時間や量の違いだけでしょうか。それだけではないはずです。

時間がなくても結果を出せる人と、時間があっても結果を出せない人の違いは、やはり「仕事の質」だと思います。

私の周囲にいる教員、これまで共に仕事をしてきた教員を見て感じるのは、質の高い仕事をする人ほど、時間を効率的に使っているということです。

もっと言うと、**授業や学級経営が上手な人は、部活動運営、指導も上手**だと思います。

働き方改革はたしかに大切です。基本、教員は子どものためと思うと、何でもやろうとします。根が真面目なだけに、仕事をやりすぎてしまい、過労死になりかねません。そのような教員を救うためにも、働く時間を調整、制限することは必要です。

ただ、働き方改革については、「時間」と「質」、あるいは他の面も踏まえて、多角的に考えた方がよいと思います。

そして、なにより働き方改革を主体的に考えるのは私たち現場の教員です。学校の事情、保護者や地域の様子、そして部活動の在り方など、各学校によって異なります。

自分たちの学校をさまざまな視点から考える必要があります。

その視点の一つに、**「持続可能」**という視点があります。部活動は顧問によって変わってきます。顧問の異動によって、チームがガラリと変わってしまうことがあります。顧問の異動によって、弱体化、部員が減少し、存続できなくなってしまった部もありました。顧問異動した顧問にとっては誇らしい出来事かもしれませんが、残された子どもたちや学校を考えると、何一つよいことではありません。

中学校学習指導要領解説総則編には、「教育課程外の学校教育活動である部活動について、教育課程との関連が図られるようにするとともに、**持続可能な運営体制**が整えられるようにすることを示した」と記されています。

では、持続可能な運営体制のために必要なことは何でしょうか。その答えは、学習指導要領に記された「**人的又は物的な体制を確保するとともにその改善**を図っていくこと」ではないかと思います。

部活動改革のヒントもそこにあると思っています。詳しくは、この本の中で紹介したいと思います。

私たち教職員の仕事も、「これは持続可能かどうか」という視点で考えていくと、すっきりしてくると思います。

例えば、「○○という先生がいたからできた」という仕事は、学校現場にいくつもあります。では、その先生がいなくなったらどうしますか。やめますか、それとも、工夫して継続しますか。

持続可能かどうか考えると、それまで慣例的に行っていた仕事の教育的効果や価値まで考えられるようになります。それが本当の働き方改革につながっていくと思います。

子どもも教師も充実する部活動とは

私は、守谷市立守谷中学校が初めての中学校勤務でした。青森県から神奈川県横浜市、そして茨城県の守谷市立松ケ丘小学校までずっと小学校勤務でした。

私の教員人生でよかったと思うのは、「さまざまな地で教員を経験できたこと」と「小学校と中学校の両方を経験できたこと」です。

そのおかげで、自然とさまざまな刺激を受けながら成長できたと思います。

私は、**「子どもたちが前向きに取り組める環境」であれば、子どもも教師も充実する部活動になる**のではないかと思います。

教員は、子どもたちの成長を間近で見ること、感じることのできるすばらしい職業です。子どもたちの成長を通して、教員としても人間としても、自己の成長につなげられるすばらしい職業だと思っています。

部活動は、子どもたちが成長できるチャンスの場ですから、私は「人的又は物的な体制を確保するとともにその改善」を図ってきました。

現在、本校では多くの外部指導者が部活動に携わってくれています。技術指導だけでなく、時には私たち教職員が気づかなかった子どもの様子や頑張りを伝えてくれる重要な存在です。

私が顧問をしているサッカー部は、二〇一八年四月の時点で、部員四十五名に対し、指導者は四名（顧問二名、部活動指導員一名、外部指導者一名）です。十一月からは、ＧＫコーチが増えました。

部員が多くなればなるほど、当然指導者も必要となるという考えです。

ただ、人的な体制を整えるのは、公立の中学校では簡単なことではありません。

実際、保護者会等で何年も必要性を訴えてきましたし、大学生に声をかけてきましたが、実現するまでには時間がかかりました。

私は、部活動であれこれ試行錯誤しているうちに、今後の部活動運営や教員との関わりについて考えるようになりました。

これまでの部活動は、教員の指導力をメインに行われてきました。

しかし、現状の体制では「教員の負担増」「体罰」などの問題が生じ、限界の時期を迎えているように感じます。

また、顧問の異動によって、部活動が左右されるという現状もあります。顧問の異動に関係なく、子どもたちが部活動で成長できる、楽しめるにはどうしたらよいのか、あれこれ考えた結果、教員の在り方を変えていく必要があると思いました。

つまり、**教員は部活動の体制を整えていく、いわば調整役のような存在**でなくてはならないと思ったのです。

もちろん、指導力のある教員はこれまで通り専門性を生かして指導していけばよいと思いますが、それだけでは、これからの部活動運営にはたりないような気がします。

私のチームは、関東大会や全国大会に進めるような強豪チームではありません。どこにでもあるチームであり、部活動です。

それでも、毎年少しずついろいろなことに挑戦し、現在の体制をつくることができたことに誇りを感じています。

ありがたいことに、だんだん地方大会で優勝したり、県大会まで進めたりするようになり、チームの成績はよくなっています。

他のチームからは「クラブチームみたいだね」と言われることもあります。これはイノベーションの三大原則の「②古いものをまったく別の視点から見る」を実践してきた結果だと思います。

クラブチームの立場から見て、部活動のメリット・デメリットについて考えたことがあります。また、クラブチームの指導者に質問や話を聞いたことも何度もありました。

そうすることで、私は、クラブチームのよさを部活動にも取り入れていかなければならないという結論に至りました。

誠に勝手ながら、**部活動とクラブチームのよさをミックスした「ハイブリッド部活動」**と名づけ、取り組んでいます。

部活動の場では「クラブチームは子どもの人間性を育てていない」ということを、いまだに聞くことがありますが、実際はそんなことはありません。クラブチームの方も学習面や生活面での声かけをしてくださっています。時には学校にも連絡をくださるほどです。

部活動とクラブチームは別々のものではなく、互いに刺激し合い、時には連携・協力しながら成長していく時代に変わってきていると思います。

部活動の主体は、間違いなく子どもたちであり、子どもたちが前向きに楽しめる環境をこの本を通して、まずは自分自身が考えていけたらと思っています。

1章

部活動運営のルール

ルール

1

学校にプライドをもつ

「今いる自分の環境を最高のものにしたいです」

これまで赴任した学校の新任式でいつも語ってきた言葉です。

初めての中学校勤務となった守谷中学校にも、「最高にするんだ」という強い決意で赴任しました。

しかし、私の希望と現実は大きく違っていました。

二〇一二年の手帳を今見ると、次のようなことが書かれていました。

五月十日（木）

市の陸上大会で教え子に会う。陸上大会では惨敗。全ての面で負けている。くやしいという思いを絶対に生かす。

五月十二日（土）
　練習試合（野球部）は完敗。やりたくないことから学ぶことは大切。
五月二十二日（火）
　本日は大雨の中、生徒総会。学校の甘さが出ている。意識を高めなくては。
六月四日（月）
　委員会の様子を見ていてむなしくなる。六月は苦しい時！　乗り越えよう。

毎日、心が折れそうな自分を奮い立たせながら過ごしていた記憶があります。

この時の私は、子どもが学校にプライドをまったくもっていないと感じていました。

しかし、**一番プライドをもっていなかったのは私自身**でした。

「自分の中で最高の学校にする」と口では語っていましたが、何一つ行動に移さず、うまくいかないのは子どもたちや学校のせいにしていました。

　このような不甲斐ない私を支えてくれたのは、学年主任の先生でした。中学校勤務で初めての合唱コンクールで力不足を感じていた私を、学年主任の先生は「他の学級と比べる必要はないのよ。自分の中で一番であればいいんだから」と励ましてくれました。学年主任の先生の言葉にどれほど勇気づけられたことか……。

学年主任の先生をはじめ、多くの仲間の支えのおかげで、少しずつ学校をよくしようと行動することができました。それは行事を変えるといった大きなことからではなく、自分にできる小さなことからでした。例えば、始業式や終業式で行う学年代表のあいさつの場があります。その当時の守谷中学校は、代表生徒に原稿を持たせて、それを見ながら発表させていました。私は、代表である学級委員の男子生徒に原稿を持たせずに発表させました。原稿を暗記した状態でステージに上げたのです。多くの学校で実践されていることですが、それまでの守谷中学校ではなかったこともあって、校長先生をはじめ、多くの先生方から「すばらしい」と称賛されました。

皆さんもおわかりだと思いますが、紙を見て話をするのと、話を聞く人を見ながら話すのとでは、天と地ほどの差があります。

どんなにすばらしい内容でも、紙を見て話すと、熱が伝わりません。それに比べて、紙を見ないで話をすると、言葉だけでなく、表情やしぐさで熱を伝えることができます。子どもたちにそのようなことをさせるわけですから、当然、私も子どもたちを見て話すことを心がけています。

このような些細な事実を一つずつ積み重ねることで、まずは私自身が学校にプライドをもつことを心がけてきました。

教員自らが学校にプライドをもてるようになれば、子どもにも火をつけることができます。なぜかというと、**中学生の子どもたちは教師という大人の背中をよく見ている**からです。大人の背中は、どんな言葉よりも効果的だと思います。

現在の守谷中学校は学習の成績もよくなり、部活動も活発になりました。

総体の壮行会で、子どもたちが体育館後方に掲げた「守中プライド」という言葉は決してうわべだけでなく、多くの先生方と先輩の行動によって価値づけられたものです。

当たり前ですが、今、私の中で守谷中学校は最高のものになりました。

まとめ

- 自分にできることから学校を変えていく
- 教員の行動が子どもの心に火をつけていく

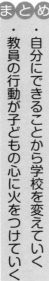

ルール

2

部活動の熱をはかる

教員経験を積むと、他の学級に足を踏み入れるだけで、その集団の雰囲気を感じ取れるようになってきます。

明るい学級ですと、元気に「おはようございます」とあいさつをしてくれます。逆に、元気がない学級ですと、あいさつも返事もしてくれないことがあります。

また、荷物の整理整頓がしっかりできている学級は落ち着きがありますが、ゴミが落ちている学級はどこかガチャガチャしていて落ち着きがありません。

集団の雰囲気を感じるためには、教室に足を踏み入れることが大切だと思っています。

部活動も同じで、部活動の熱をはかるためには、部活動に顔を出すことです。

異動したら自分が担当する部活動もそうですが、他の部活動にも顔を出して様子をみるとよいでしょう。

部活動の熱を感じることで、学校全体の様子や雰囲気を感じ取ることができます。

そして、教職員の動きも感じ取ることができます。職員会議で大きな声で発言している先生であっても、いつまでも部活動に顔を出さない先生がいます。

逆に目立たないところで子どもに寄り添い、一緒になって頑張っている先生もいます。**異動した時に信じるのは、人の話ではなく、自分の目**だと思っています。

人は、周りの目や意見に影響されやすいものです。

ある教員が、「あの子どもはダメだ」と否定的な発言をすると、接していないにもかかわらず、他の教員もその子を否定的な目で見るようになってしまうことがあります。結果的に組織全体で、その子どもに対して冷たい対応をしてしまうという恐ろしいことにつながっていくのです。

起こっていないことや見えていないものから判断したら間違いが生まれる可能性は十分にあります。

だから、私は、自分の目に見えていることから判断するようにしています。

もちろん、情報を聞くことも大切です。情報を聞いたうえで、**自分の目で判断するように心がけています**。そうすれば、自分の判断を人のせいにすることはありませんし、自分の間違いに気づくこともできます。

自分の目で判断したら、次にするのは自分のすべき行動を確立することです。

学校全体の雰囲気が前向きで活気があるならば、その熱を自分自身にも伝えて、他の先生や子どもと共に行動していけばよいでしょう。

しかし、学校全体や自分が担当する部活動に活気がないのであれば、誰かがやらなければなりません。

その誰かは、自分自身でありたいと思っています。

ただ、私自身、それほど影響力があるわけではないので、子どもたちよりも先に部活動に出る、子どもたちと一緒にグラウンド整備をする、朝に玄関掃除をするといった本当に些細な行動から始めてきました。

当たり前ですが、そのような些細な行動ですぐに全体が変わるわけではありません。

しかし、どこかで誰かが見ていて、いつかその熱が伝わる時がくると信じていました。

だから、自分の心だけは折れないように自分自身を励ますことも必要かと思います。

幸い、私の場合は、多くの同僚が支えてくれました。

最初にチームを率いる時、必ずしも全員の熱が高いわけではありません。

集団というものは、一人一人の個が集まって成り立っています。高い熱をもった集団の中に、熱の低い子どもがいたとします。そうすると、集団の熱は低くなってしまいます。

集団を変えようとするなら、まずは個を変えていかなければなりません。

では、どうすれば個を変えられるかといったら、子どもたちの意識、つまり頭の中を変えるしかありません。

頭の中を変えるのは、私たちの言葉であり、行動であり、そして日々の練習です。子どもたち一人一人に熱をもって接し続ければ、いつか熱の低い子どもたちにも伝わっていくと信じていますし、伝わるまでやり続けます。

そうすれば、個が変わることで、チーム全体の熱も上がり、個としても集団としても成長していくことができるでしょう。

まとめ

- 自分の目で見て判断し、行動する
- 誰かがやらなければならないのであれば、自分がやる

ルール

3

短い時間でも部活動に出る

原則として、部活動には顧問がついて活動することになっています。

しかし、私たち教員には、部活動以外にもさまざまな仕事があります。学習指導だけでなく、行事の打ち合わせ、生徒指導の問題や保護者対応など、その仕事は多岐にわたりますし、突発的に生じることもあります。

私も研修主任や生徒指導主事を担当していたこともあり、部活動をやっている場合ではないこともありました。

ある年は、総体が迫っているにもかかわらず、研究発表会の打ち合わせや準備のため、なかなか部活動に出られない時もありました。

そのような厳しい状況であっても、私はたとえ短い時間でも部活動の場所に行くようにしました。

部活動以外の業務を理由に、グラウンドに行かなくなってしまっては、部活動をしっかりと教えることはできないからです。

これは技術指導ができる、できないという問題ではなく、**とにかく部活動の場所に行くことが大事**だと思います。

部活動は教育課程外ですから、勤務終了の時間がきたら顧問も帰ってよいのですが、それでは子どもはついてきません。

時間をどうつくり出して、部活動の場所に足を運ぶか、その姿勢は部活動だけでなく、教員の授業づくりや校務分掌にも影響してくると思います。

実際、私も研修や生徒指導といった仕事の関係で、部活動終了五分前に行くこともありましたし、時には片づけの場面しか見られないこともありました。

それでも、部活動に出ることによって、部活動の雰囲気を感じ取ることができます。

もちろん、指導者不在の状況が少なからずあるわけですから、それを生まないために、スタッフの充実を図ることは大切なことです。

しかし、**忘れてはならないのは私たち顧問の役割は練習を見ること**であり、それが全てだと思います。

子どもたちのプレーを見ないと評価はできませんし、練習の熱も下がってしまいます。

私は技術を教えることより、子どもたちに指導者の姿勢や熱を伝えることの方が重要だと感じています。

楽しそうに部活動をやっているチームは、まず顧問や外部指導者が楽しそうです。そして、チームの雰囲気がとてもよいです。

練習試合で他のチームを見ると、子どもと一緒になって練習や試合を行っている顧問がいます。子どもたちとたわむれながらボールを蹴っている表情は、指導者も子どもたちも笑顔で素敵だなあと感じます。

その姿を見て思い出したのは、小学校勤務時代の昼休みです。

私は、昼休みに子どもたちと一緒になって遊んでいました。自分が若かったということもありましたが、ほぼ毎日、昼休みは子どもたちと鬼ごっこやサッカー、ドッジボール、大なわとびをして遊んでいました。中学校勤務になってからは、なかなか昼休みに遊ぶことはありませんでしたが、体育の時間にバドミントンやソフトボールを一緒にやりました。

子どもたちと一緒になって遊んだり動いたりすることで、子どもたちの様子を知るだけでなく、子どもたちとの距離を縮めることができました。

やはり、私たち教員は「常に関わる」という姿勢が基本だと思います。

学級経営が上手な先生は、子どもたちの取り扱い範囲が広いです。

学級の中で避けられていた子どもたち、隙があればいたずらをする子どもたち、おとなしくて話をしてもそっけない子どもたちなど、どんな子どもたちであっても、「常に関わる」先生と一緒にいると、いつの間にか子どもたちも変わっていくような気がします。

部活動では、子どもたちは教室と違った表情を見せます。その表情を感じ取って「常に関わる」ためには、顧問は子どもたちの側にいなくてはなりません。

ただ、本当に教員が忙しいのはわかります。忙しくてどうしても部活動に足を運べないのであれば、他の教職員の力を借りることがあってもよいはずです。例えば、部の枠を超えて合同練習をする、栄養教諭にお願いして食育指導をしてもらうなど、工夫をすればいくつも道はあるような気がします。

まとめ

- 顧問の役割は練習を見ることであり、子どもに姿勢や熱を伝えること
- 子どもたちと「常に関わる」ことが基本

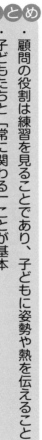

ルール

4 前任者を否定しない

私が初任の学校から次の学校へ異動する際、先輩の先生から「うちの学校と比べてはいけないよ」と言われました。

異動した先は、小規模校であり、女性の先生がたくさんいました。

前任校と比べると、全てにおいてものたりなさを感じました。

その時の私は、口に出さなくとも、「小規模校だから仕方ないか」「前の学校だったら……」という気持ちが言動に出てしまい、学校や保護者、そして子どもたちに不快な思いをさせ、迷惑をかけていたと思います。

前の学校と今の学校を比べて幸せになることはありません。

職員室で「前の学校では○○だった」と言われて、心が動く職員はいません。逆に、不快な思いをさせるだけです。

それは部活動でも同じだと思います。

「前のチームはこうだった」と言われて、やる気になる部員はいるでしょうか。

たとえ、実績のある指導者に言われても、やる気を引き出す言葉にはならないでしょう。

また、「このやり方ではダメだ」と一方的に前任者のやり方を否定しても、チームに前向きな雰囲気は生まれないはずです。


私たちが部活動で指導できるのは、前任者の努力のおかげです。


私が指導する前の守谷中学校サッカー部は、人数がものすごく少ない時期がありました。試合に出ても、十点以上の差をつけられることもあったそうです。試合中、ベンチで寝ている子どももいたと聞きました。

それでも、部活動としてチームが存続できたのは、苦しい時代を支えてくれた前任者、そして子どもたちの頑張りがあったからです。

異動してチームを指導する際、まずは前任者のやり方を否定する方法があります。

その方法は、短期間で子どもたちをまとめるにはよいかもしれません。

しかし、他者否定は子ども同士の否定にもつながります。チームの雰囲気が悪くなるのは、他者否定の繰り返しによるものです。

否定するならば、まずは自己否定をしなければなりません。

私は「他人に要求してもいい。そのかわり、他人以上に、自分に要求しなさい」と指導しています。

他人に要求することは決して悪いことではありませんが、時に逃げ道になります。

前任者を否定することも、前任者に責任をなすりつけるという逃げ道になります。

私たち教員は誰もが「子どもたちのためになりたい」という善意をもって、教職の道へ進んできたはずです。

悪意をもって、子どもたちと接する教員は誰一人いないはずです。

現在のような忙しい中でも、部活動に顔を出す教員がほとんどです。

そういった仲間と連帯してこそ、部活動は成り立つと思います。

まずは**前任者のやり方を子どもたちから聞いて、同じようにやっていく**のがよいかと思います。

私の場合、前任者の先生と一緒にやる期間があったので、その先生のやり方を実際に見ることができました。そして、前任者の先生が大事になさっていたボールの管理は、現在のチームにも脈々と引き継がれています。

いつまでも大事にすべき点は決して変えるべきではないと思います。

ただし、前任者のやり方が全て正しいわけではありません。やり方を見て、変えた方がいい場合もあるでしょう。

例えば、練習時間がものすごく長く、子どもの集中力が持続しない、疲労が蓄積するといった場合があります。このようなことはすぐに変えていってよいでしょう。

前任者から引き継いだ時に、すぐに変えられること、総体が終わってから変えること、来年度から変えることの三つに分けてやっていくのがよいと思います。

これは学校の仕事でも同じです。教育課程を編成していくのは学校です。すぐに変えられるもの、新学期になってから変えるもの、来年度から変えるものに分けて、与えられた校務分掌を一歩でも進めていくのが大切だと思います。

やはり、部活動運営は学校の仕事と共通することばかりです。学校の仕事も、部活動も全力でやることが私たち教員の腕を上げることにつながるはずです。

まとめ

- 前任校と比べたり、前任者を否定したりしても悪い空気にしかならない
- まずは前任者のやり方を踏襲し、そこから変えていく

ルール5 部活動で「やり抜く力」を高める

「やり抜く力」とは、ペンシルベニア大学の有名心理学者、アンジェラ・ダックワース教授が「成功を予測できる性質」として発表して以来、注目を集めている能力です。GRIT（グリット）とも呼ばれており、本も出版されています。

諸々の研究調査から、学力やIQより、長期的に達成する力こそが人生の成功を左右すると言われています。興味のある方はぜひ本を読んでみてください。

私自身も部活動を小学校から大学までずっと続けてきました。苦しい練習や試合もありましたが、部活動をやめることなく、ずっと続けてきたことは今でも自信になっています。**私は、部活動を通して、この「やり抜く力」を高めたい**と考えています。

部活動は、「やり抜く力」や「自制心」といった非認知能力を鍛える場として有効です。それは子どもの事実が物語っています。

入学した頃、右も左もわからず、「楽しそうだな」という軽い気持ちで部活動を始めた一年生がほとんどです。そこには覚悟も何もありません。あるのは興味だけです。それが一か月、二か月と時が経つにつれて、苦しい場面に遭遇します。体力トレーニングが苦しかったり、自分のミスで試合に負けたりと、想像した以上の困難を経験します。その困難を乗り越えることができず、挑戦すること自体を避けるようになります。「部活をやめたい」と言う子どもも出てきます。

しかし、顧問や先輩、保護者の支えによって、失敗しても挫折せず、あきらめずに立ち上がる力を身につけていきます。それが三年間の部活動を通した子どもの姿です。

このような体験は、学生生活の部活動でしか味わえないと思うのです。

大学四年生で、青森県の教員採用試験を受けた時です。テスト問題が解けなくて落ち込んでいる私のところに、高校時代の同級生がやってきました。

「倉岡、問題解けたか?」と聞かれた私が「できなかった」と答えると、同級生は「俺、けっこう解けたんだよね」と自信満々に言い、その場を去っていきました。

その時、私は「俺は高校時代も大学時代も部活で苦しい時を乗り越えたんだ。部活をやってこなかった奴に負けるか」という熱い気持ちで、その後の試験に臨みました。結果、私は合格することができました。今思うと、自分自身はちっぽけな男だなと思うのですが、もし、私が部活動をやっていなければ、そこであきらめていたと思います。

部活動の顧問をしていて目指すのは、チームの勝利もありますが、部員一人一人の成長です。成長には技術も含まれていますが、やはり人間としての心の部分の成長を強く願っています。

現在の教育は「ほめる」が基本です。私もほめることはとても大事だと思います。部活動の場においても、笑顔で子どもたちと接し、ほめることを心がけています。

では、まったく叱らないかというと、そうではありません。**真剣にやらなければ叱ります。うまい、下手は関係ありません。基準は真剣にやるかどうかだけです。**

小さなことと見過ごされがちですが、部活動の怠け癖は部活動だけでなく人生全般に大きな悪影響を及ぼすそうです。

だから、私は練習中に集中していない子どもがいれば、「先生は皆と真剣にサッカーをやりたくてきている、皆はどうなんだ?」と問いかけます。

また、ある時は、「できないのでなく、やろうとしていないよな」と言います。

その真剣な姿勢は、普段の授業でも求めています。だから、授業をいいかげんな態度で受けている子どもには「今日は、部活にこなくていい」と言います。

勉強ができる子は、授業も部活動も熱心にやります。何に対しても一生懸命だから何をしても優秀なのか、優秀だから何をしても真剣にやれるのかはわかりませんが、「真剣さ」や「全力」というのはキーワードだと思います。

部活動は、一生懸命に取り組む経験として、とても重要です。向上心や集中力、自制心などを養い、よき友やライバルと出会いながら、自分自身で自主的な姿勢や習慣を形成するものだからです。だからこそ、私たち教員は簡単にやめさせてはいけないと思うのです。

もちろん、さまざまな子どもや保護者がいます。部活動全体に迷惑をかける自分勝手な子どもや保護者がいて、心をすり減らすこともきっとあるでしょう。しかし、そこで私たち教員が投げだしてしまったり、あきらめてしまったりしたら、その子どもたちの未来はどうなるでしょうか。私たち教員にも、「真剣さ」と「覚悟」が求められていると思うのです。

まとめ

・部活動は「やり抜く力」といった非認知能力を高める場である
・部活動では「真剣さ」を徹底的に求める

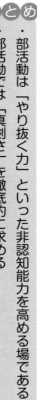

ルール

6 子どもに優先順位を伝える

部活動のために、学校にきている子どもは少なからずいるものです。

私もそのような子どもだったと思います。

特に、中学校から始まる部活動では、部活動での所属感が強くなります。

時には、学級・学年以上の所属意識が生まれてしまうことで、学校のルールを守れない、先生の指示に従わないなどの問題を引き起こすことがあります。

中学校において、部活動指導は子ども指導の重要な柱でもあります。

だからこそ、私は子どもには優先順位を伝えます。

私の学校ですと、**①学校（委員会など）、②学年・学級（係活動など）、③部活動の順に定められているので、四月の学級開きではプリントに印刷してルールを確認しています。**

優先順位を明確に伝えることで、子どもたちは安心して学校生活を送ることができます。

今はないかもしれませんが、以前は「部活に遅れると先生に怒られる」という言葉を聞くことがありました。

その遅れる理由は学校のための活動にもかかわらず、とにかく部活動第一と考えている教員のせいです。これでは、子どもたちは安心して学校生活を送ることも、部活動以外のことに挑戦することもできなくなります。このような実態が「部活＝ブラック」という考えを生み出しているのかもしれません。

私は優先順位について、部活動でも繰り返し指導しているので、子どもたちも委員会活動や学級の係活動を優先して行います。

「学校全体がよくならないと、部は強くならない」というのが私の考えで、子どもにも伝えてあるので、子どもも学校のために働いてくれます。

例えば、大掃除があるとワックスがけのために、教室の机と椅子を廊下に出します。翌日、サッカー部の子どもたちは、朝早くきて、他の子どもたちの机と椅子を全て教室に入れています。他の先生方からも「ありがとう」と言われるので、サッカー部の子どもたちには学級や学年に貢献したいという気持ちが芽生えてきました。

現在は生徒会長をはじめとする生徒会本部役員、委員会の委員長や学級での役員を務める子どもたちが増えてきました。

ある年は、生徒会メンバーの半数がサッカー部だったということもありました。チームの中心選手の多くが生徒会役員だったため、練習に支障があったのは事実です。しかし、その生徒会には、私ではなく、他の教員が関わってくれています。

忘れてはならないのは、**その教員も他の部活動顧問ということです。部活動より生徒会活動を優先して指導してくれている**のです。

「子どもがいなくて練習にならない」と言う教員がいました。私たち教員は職員室でそのような言葉を発することができるかもしれませんが、「顧問がいなくて練習にならない」という子どもの言葉はいつ、どこで発せられればよいのでしょうか。

そして、私たちは、教員の言葉と子どもの言葉のどちらに耳を傾けるべきでしょうか。部活動のねらいには「自主的な活動」とありますから、当然、子どもは顧問がいなくても部活動を行います。

しかし、**その陰で働いてくれている教員の仲間を大切にしてこそ、部活動は行われるべきであり、**それも子どもに伝えていくべきだと思います。

生徒会や学年の活動によって練習に参加できないこともありますが、中学生にとって部活動以外の経験は、心や社会性の発達につながります。

結果的に練習以上の効果が出ることもありましたし、なにより子どもたちが短い時間でも練習してうまくなろうという前向きな姿勢に変わっていきました。

また、部活動以外の仲間ができることで、学校生活が有意義なものになります。

ただ、中には、部活動がある時だけ学校にくる子もいます。部活動がない月曜日は欠席する子もいました。

よい悪いは別として、部活動でなんとか生きている子どもたちがいるのも事実なのだと実感しました。

私たち教員は、そのような子どもたちの生きる場を充実させるためにも行動しなければなりません。

まずは部活動からアプローチしていき、徐々に学校生活も頑張ることができるようにつなげていくことが私たちの役目でしょう。

まとめ

- 優先順位を明確に伝えることが、子どもの安心につながる
- 部活動以外の活動を充実させることが結果的に部活動の充実にもつながる

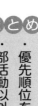

ルール
7
地域を知ることで、人的・物的資源を見つける

地域を知る方法の一つは、地域を散歩することです。

初任の頃、教頭先生に「地域を散歩してきなさい」と指導されたことがありました。出身地の十和田市の学校での勤務だったので「そんな必要はない」と思っていましたが、「教頭先生に言われたから仕方ないか」という気持ちで学校周辺を歩いてみました。

すると、実際に歩いてみて、気がついたことがたくさんありました。子どもたちが登校してくる際に危険な通学路、人目につかない場所にぽつんとある公園やトイレ、授業で使えそうな施設までの道のりなど、車では絶対に気づけないことを歩いて知ることができました。

あの時の教頭先生の教えを、現在も大切にしています。

青森県から神奈川県横浜市に異動した際、車通勤から電車通勤に変わったこともあり、歩くことはまったく苦にならなくなりました。

車の場合、移動のスピードが速いため、何も気がつかないまま何気なく通りすぎてしまうことがあります。

その点、歩きですと、時間はかかりますが、さまざまなことに気がつきます。

今の私は、「練習に使えそうな場所や物はないかな」という視点で散歩しています。

最初に見つけたのは、歩道橋でした。

守谷中学校の近くに、「幸福橋」という素敵な名前の歩道橋があります。

ただ、子どもにとっては幸福ではないようです。それは、雨でグラウンドが使えない時や体力強化の時は、その歩道橋を使って坂ダッシュを行うからです。平地を走ることですらつらいのに、坂をダッシュするのはとてもつらいようです。

もちろん、歩道橋は公共のものです。人が通る時はすぐに歩道橋をあけるようにしています。地域の方に子どもたちがあいさつすると、地域の方から「頑張っていますね」と声をかけられることもありました。

学校の鉄棒も利用します。鉄棒を使って懸垂やぶら下がりを定期的に行っています。鉄棒は腕の力だけでなく、体幹まで鍛えることができます。

ちなみに、「練習に使えそうな場所や物はないかな」という視点は、試合で他会場へ行った時もそうです。

例えば、土手になっていて坂道があれば、坂道ダッシュに使えます。子どもたちもさすがで、急な坂道があると、坂道ダッシュを避けるために、バスの中で静かにしたり、気づかないふりをしたりします。

バスケットゴールがあれば、バスケットボールの試合を行ったり、足でバスケットゴールに向かってシュートをさせたりします。

考え方次第で何でも練習に生かせるので、私も子どもたちも発想がおもしろくなっていきました。

もう一つ、地域を知る方法は、コンビニや交番などにあいさつに行くことです。

私の場合、生徒指導主事という立場であったこともありますが、交番やコンビニ、学区のショッピングセンターに足を運ぶ機会が多くありました。

何度も足を運んでいると、子どもたちの情報を耳にすることができました。

例えば、私のチームは、学校の近くにある常総運動公園で練習や試合を行うことが多いです。その時、自転車の乗り方が危なかったり、朝早くに大声で話したりしているという情報を提供してもらい、すぐにその件について指導することができました。

情報には、子どもたちの頑張りを教えてくれるよい情報もあれば、心配な情報もあります。情報によって、すぐに対応することも、予防線を張っておくこともできます。いかなる情報も、学校にとっては大切です。

振り返ってみると、地域の方からの情報は本当にありがたいものでした。

現在、活動の幅が広がり、常総運動公園の人工芝のグラウンドを使って練習や試合をすることが多くなりました。常総運動公園を何度も使わせてもらっているうちに、施設内のスタッフや清掃員の方と顔見知りになり、仲良くなることができました。困った時には相談にも乗ってもらい、使う時は「頑張ってください」と声をかけてもらうようになりました。

地域を知ることで、多くの人的・物的資源を見つけることができました。きっと、皆さんの地域にも資源はあるはずです。探してみてください。

まとめ

- 地域を知るために歩くと、練習に使えそうな場所や物を見つけることができる
- 地域の方と話すことで、貴重な情報を耳にできる

ルール

8

「数」を頭の中に入れる

学級を経営する時に、私は「数」にこだわるようにしています。それは、「数」が学級の状態を示してくれるからです。

小学校勤務の頃、冬になると、学級ごとに八の字跳びの回数をはかることがありました。なわとび集会といって回数をはかるのです。

不思議なことに、回数が多い学級の担任は、必ずしも体育を得意としているわけではありませんでした。

私のような体育会系の教員よりも、あたたかい雰囲気で子どもたちをまとめていく担任の学級の方が数多く跳べていました。さらに、その学級はなわとびを苦手としている子どもたちも入れて、全員で跳んでいました。

回数が多い学級の特徴は「失敗しても励ましている」「楽しそうにやっている」「子どもたちが動きを観察して互いにアドバイスしている」といった点で、やはり雰囲気がよいと思いました。

私は、それ以来、現状を把握する際、「数」を意識するようにしてきました。

それは部活動でも同じです。

部活動を運営するにあたり、現状を把握しなければなりません。

現状を把握するということは、「数」を頭の中に入れておくということです。

例えば、部員数やボールの数は常に頭に入れておかなければなりません。

そうしなければ、四月に新入生が入部した際、ボールがたりないということがあります。

私の場合、部員一人につき、きちんとしたボール一個が行き渡るようにしたいので常にボールの数は確認しています。

時間も大切な「数」になります。

学級経営で肝になるのは、「給食」と「清掃」と言います。「給食」と「清掃」の開始時間が早い学級はしっかりしていると言ってよいでしょう。

逆に、遅い学級は気をつけなければいけません。私は、いつも「給食」と「清掃」の開始時間だけは必ず見るようにし、子どもたちにも意識させるようにしてきました。

それは部活動でも同じで、自分のチームは何時から練習が始まるのか、そして、その時間に何人の子どもがグラウンドに出ているのか、といった「数」を意識しています。

守谷中学校の場合、放課後は十六時から練習開始です。

私も帰りの会を終えて、すぐにグラウンドに向かいます。私の姿を見ると、それまでゆっくり準備していた子どもも急いで準備をします。サッカー部の場合、それほど準備に時間を要しませんので、おそらく学校内でも一番早く部活動を始めていると思います。ただ、それでも遅い時があります。その時は、子どもを集めて時計を見させ、「おしゃべりは練習後でもできる。でも、練習は今しかできない」と言って、ピリッとした雰囲気にするようにしています。


強いチームは、練習を休むことはもちろん、遅れることもありません。


当たり前のことを当たり前にできるからこそ強いのであり、強いチームになるために、部活動を通して生活面を繰り返し指導する必要があると思います。

初任校で、サッカー指導や学級経営など、私に多くのことを教えてくださった先生が「強いチームになる時は休む人が少ないんだよな」とおっしゃっていたことを覚えています。自分自身もこれまでチームを率いて、その通りだと感じています。家庭の事情やケガはあるけれど、強くなっていく、伸びていく時は休む人が少ないのです。

さて、「数」への意識を高めるのは顧問だけではありません。時には、**子どもたちにも「数」を意識させることで成長につなげていく**ことができます。

例えば、試合での様子を数値化し、子どもに提示する方法があります。

私が守谷中学校に赴任した時、女子バスケットボール部の先生は、シュートやリバウンドなどの試合の様子を数値化し、それを子どもにバスケットボール部の通信によって提示することで、子ども自身に長所と短所を把握させていました。部員に話を聞くと「数で示されると自分の課題が明確にわかるし、努力の方向性もわかる」と言っていました。

また、現在の男子・女子バスケットボール部は、体育館が使えない時に外で素走りを行っていますが、きちんとタイムを計測し、子どもに「数」で示すようにしています。現在の力を「数」で示し、子ども自身に目標を設定させていくやり方はとても参考になっていて、自分の部活動にも取り入れるようにしています。

まとめ

- 「数」を把握することが現状を把握することになる
- 「数」を子どもたちに意識させることで成長につなげていく

ルール 9 購入する物を決定する

先ほど、「数」を頭の中に入れておくことについて書きました。現状を把握することができると、必要な物が見えてきます。

例えば、部活動の練習や試合に必要な道具です。

当然、部活動の予算は決められています。予算も頭の中に入れておかなければならない大切な「数」です。予算を頭の中に入れておくと、大会参加費などの必要経費以外に使える金額の目処が立ちます。

その使える金額を考えながら、いつ、何を購入するのかを決定します。

今すぐ購入する物なのか、それとももう少し先でよいのか、あるいは次年度に購入するのかを考えます。

ここ最近は活動の幅が広がったこともあり、三月には予算を使いきっています。

ただ、ほしい物が何でも手に入るわけではありません。

もし、購入できないのであれば、別の方法を考えます。

一つは、**「かわりの物を探す」**ことです。

例えば、サッカーの場合、ピッチが描かれたホワイトボードに磁石を置いて、子どもに配置や作戦を伝える、作戦ボードというものがあります。とても便利なものですが、長く使っていると磁石がなくなったり、ペンの跡が残ったりして汚れてきます。また、大きなタイプは持ち運びに手間がかかりますので、練習中の使い勝手はあまりよくありません。

そこで、私は、作戦ボードのかわりに、お菓子などの缶の蓋を使っています。

試合では作戦ボードを使いますが、練習では持ち運びに便利な缶の蓋を使っています。

雨を気にする必要がありませんし、ちょっとした時間に作戦を考えることもできます。

これは体育の授業をやっている時に、思いつきました。

体育の授業でも、バスケットボールやバレーボールなどで作戦を考えることがあります。

当初は、百円ショップで購入したホワイトボードを使っていたのですが、ペンや磁石が落ちてしまい、保管に難がありました。そのことを他の先生に相談したところ、お菓子などの缶を使えばいいというアドバイスをいただきました。たしかにお菓子の缶ですと、ペンや磁石を入れて蓋をすることができますし、大小、形も様々ですが、いつでも、どこでも気軽に使えるので、これは便利だと思いました。そして、今は部活動でも、お菓子の缶を使うようにしています。

別の方法として、**「再利用できる物を探す」**こともしています。

学校には防球ネットがあると思います。私の学校にもありますが、下の方の穴がどんどん広がり、防球ネットの役割を果たしていませんでした。子どもが蹴ったボールがネットを突き抜けて、人にあたることもありました。

最初は百円ショップで購入した農業用のネットを使用しましたが、耐久性が低く、使い物になりませんでした。

ちょうど、その時、サッカーゴールのネットにも穴があいたため、新しいネットを購入することになり、サッカーゴールのネットを処分する前に、防球ネットの一部として再利用してみました。

すると、破れた防球ネットとサッカーゴールのネットを組み合わせることによって、防球ネットとしての役目を果たせるようになりました。

学校では、夏休みや三月に倉庫などの片づけや廃棄が行われることがあります。その時に、「あれ、こんな物があった」と見つけることがあり、それが「かわりの物」や「再利用できる物」として使えることがあります。私はいつも「使える物はないか」という目で作業に取り組んでいました。そうすると、他の部でも使えそうな物が見つかってきます。部活動もそうですが、皆で話しながらやっていると作業も楽しくなるものです。

部活動では、物を大事にすることも学んでいきます。時には保護者の力も借りながら、環境整備をしていくこともあるでしょう。私のチームも老朽化したゴールポストの錆をとり、きれいにペンキを塗ったこともありました。購入する方法とそれ以外の方法を組み合わせ、環境を整えることが子どもたちのやる気にもつながっていくと思います。

まとめ

・常に予算を頭に入れておき、購入時期を考えておく
・購入以外に、「かわりの物」「再利用できる物」という別の方法も考える

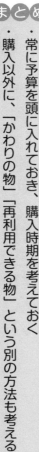

ルール

10

体罰は絶対に許されない

現在、体罰は喫緊の課題となっています。体罰の問題は教室や部活動といった学校現場だけでのことではありません。家庭でもしつけと称した体罰の問題が存在します。

私はいかなる理由があっても体罰は許されないと思っています。

その理由は、**体罰は脳にマイナスの影響しか与えない**からです。

体罰が脳へ与える影響の研究結果を調べると、**体罰は脳の前頭前野の萎縮につながる**そうです。前頭前野というと、考えることをつかさどるとても大事な箇所です。

愛のムチと称した愛があると判断される体罰でも、脳の萎縮は確実に起きるそうです。

「スポーツ科学の観点から部活動を考えましょう」と叫ばれているならば、体罰についても脳科学の観点から考える必要がありますし、体罰は何もメリットがありません。

私自身、体罰についての思い出があります。

あれは中学校一年生の時のことです。サッカー大好き少年だった私はやる気満々で入部し、総体では一年生ながらユニフォームをもらってベンチ入りすることができました。

夏の総体で敗れた後、「次の秋の新人戦はレギュラーになって活躍するぞ」という気持ちで練習に励みました。

しかし、練習や試合ですぐに息がきれてしまい、自分のプレーがまったくできなくなりました。最初はスタメンで試合に出ていたのですが、徐々に試合に出場する機会は減っていきました。後日、病院で検査すると、私は貧血になっていました。

私のパフォーマンス低下と反比例するかのように、チームは市、地区の新人戦で優勝し、小規模校ながらなんと青森県新人大会で優勝という快挙を達成しました。二年生の先輩たちや保護者が大喜びする中、一人くやしい思いをしてピッチを見つめていました。

翌日、失意のどん底で学校へ行くと、私は担任の先生に呼ばれました。美術室に呼ばれて行った私は、いきなり頬を強くぶたれました。そして、担任の先生に「何、調子にのっているんだ！」と言われました。私は目が点になりました。「調子にのっているどころか、くやしくて学校にきたのに、なぜたたかれなきゃいけないのだ」と冷たい視線で担任の先生をにらみました。

当時の私は、このことを親にも誰にも話しませんでした。話すことで解決すると思わなかったのですが、正直苦しかったです。二年生になる頃には円形脱毛症にもなりました。

私は担任の先生が大好きだっただけに、自分の胸の内をわかってもらえなかったことは苦しかったですし、中学校生活に暗い影を落とした出来事となりました。

ただ、あの一発のおかげで自分自身の負けず嫌いな気持ちに火がつき、誰よりも練習に励むことができました。大人になった今だからこそ、冷静にあの当時の事実を受け止めることができていますが、やはり体罰は許されることではありません。

体罰の多くは、指導者の感情が原因です。感情の矛先は子どもたちに向けられるべきではないと思います。問題の原因が子どもたちにある場合もあるでしょう。指導した教員に対して暴言を吐き続けたり、その様子を録画したりするなど、子どものモラル低下を感じることもあります。

しかし、もし体罰をしてしまったら、ただでさえ相手の気持ちを考えてこなかった子どもの脳を萎縮させ、さらに考えることをしない人間を育ててしまうのです。

部活動の現場では、体罰の他に指導者の暴言も問題視されています。暴言を浴びせることも、実は脳にマイナスの影響を与えることが科学的に証明されています。

私も熱くなってしまいがちなので反省すべき点は多々ありますが、子どもたちの悪い点ばかり指摘する指導者がいます。

「何をやっているんだ！」というプレーの指摘から、挙げ句の果てには「お前はバカか！」といった人格を否定する言葉まで飛び出してくることがあります。改善点を指摘し、よりよい方向へもっていこうとすることは決して悪いことではありませんが、繰り返されると子どもは成長するどころか確実につぶれていきます。

人間の欲求で一番大切なのは「安心」です。まずは子どもたちが安心してプレーできる環境をつくってあげることが大切だと思います。

中学校で本格的に部活動を始めた子どもと向き合って気づいたことは、**ほめることよりも事実を認めて受け止めることが安心につながる**ということでした。事実を認めて受け止めていけば、子どもとのコミュニケーションが密になっていきます。そのような関係を子どもと構築できれば、体罰に頼らなくてもやっていけると思うのです。

まとめ

- 体罰や暴言は脳にマイナスの影響しか及ぼさない
- まずは子どもの事実を認め受け止めて安心させる

2章

練習・試合運営のルール

ルール

11

休みから活動計画を考える

私は**活動日程を考える際、まず休みの日から設定**します。

例えば、金曜日は祝日で、土日とあわせて三連休という時がありました。その三連休は、土曜日に大会があり、日曜日も地区の選抜練習会で数名の子どもは参加しなければなりません。

大会があるので、前日の金曜日も練習した方がよい。しかし、子どもによっては、三日間全て休みがなくなるという状況です。

そこで、私は大会前日ですが、金曜日を休みとし、土曜日の大会に臨みました。するど、休養十分の子どもたちはすばらしいパフォーマンスで勝利することができました。

以前の私だったら、「休むことによって調整できない」「ボールを扱う感覚が鈍る」「負けたらどうしよう」という不安から、直前の金曜日も練習していたと思います。

今思うと、子どものことを考えず、自分のことばかり考えていたと思います。今はそのような不安よりも、疲労によるケガの方が心配です。そのため、活動日程を考える際は、いつ休ませようかと、そこから考えています。

現代のビジネスマンは、休みを「戦略」と考えています。中学校の部活動も同じです。休みを有効に使えば強くなります。

休みは悪ではなく、善であり、必要です。

戦略的に休みを設定することは、疲労回復だけでなく、身体を大きくしていくことにもつながっていきます。

他のチームや部活動では、大会前に追い込み、子どもがケガで出られなかったという話も聞きます。ケガは仕方ないように思われますが、その中には指導者の配慮で防げるケガもあったはずです。

子どもたちは普段部活動でお世話になっている先生に文句は言いません。保護者も言わないと思いますが、私たちはケガの要因をよく考える必要があると思います。

休みによって、身体面だけでなく、精神面も回復してきます。

以前は強くしたいという思いから、連日試合を行っていた時期がありました。当たり前ですが、試合の結果や内容によって、チーム内にストレスがたまり、雰囲気が悪くなってしまうことがありました。子どもたちは私に「切り替えろ」と言われましたが、試合が続けば切り替えられるはずがありません。

チームの中で、一番切り替えられていないのは私だったと思います。

本来、試合はなにより楽しいものでなくてはなりません。その楽しみを私が奪っていたのだと思います。

試合の楽しさは、休みがあってこそ得られるのだと思います。

強くなる、うまくなるためには、身体的・精神的にも休みが必要なのです。

スポーツ医・科学の観点から、サッカーの試合で激しく消耗した場合、回復するためには二日は必要と言われていますので、なるべく試合を連続で行わないようにしています。

さて、休みから活動計画を考えていくと書きましたが、皆さんはどのくらい先を見越して活動計画を考えているでしょうか。

多くは一か月だと思いますが、私は**二か月～三か月先の活動計画を一気に考えて子どもたちや保護者に伝えます。**

もっと言うと、長期休業まで考えます。四月の会議で学校の年間計画がわかった時点で、夏休みまで考えます。あくまでも先の予定ですので、全ての計画が立てられないこともあります。その場合は、最低限の大会や試合、部活動を連続で休みにする日を知らせるようにしています。

そうすれば、子どもたちは家族で旅行することもできますし、試合の応援のために保護者も仕事を調整しやすくなります。

「そこまで先の活動計画を作成するのは大変」という先生もいらっしゃるでしょう。そのような時は、学校の年間計画を活用して、そこに記入していくのが一番簡単だと思います。新たに作成する手間も省けますし、保護者にとっても学校行事等と部活動の計画を一緒に見ることができます。

これからの時代、休みまで意図的に設定された部活動の方が魅力的であり、その力量も私たち教員には求められているような気がします。

まとめ

- 休みを戦略として考え、有効に使えば強くなる
- 先を見越して活動計画を考え、子どもたちや保護者に伝える

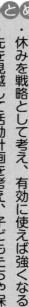

2000年新年度活動予定表 ○/○○版

守谷中学校　サッカー部

日付		行事等	AM	PM・放	会場	備考
30	土		○		常総	TM　対栗ヶ沢（松戸）
31	日		○		守谷	練習8時～10時
4/1	月					OFF
2	火					OFF
3	水		○		守谷	練習8時～10時
4	木		○		守谷	練習8時～10時
5	金		○		守谷	練習8時～10時
6	土		○		常総	TM　対ジュネス
7	日		○	○	笠原	TM　対笠原　※バス移動
8	月	始業式				OFF
9	火	入学式（PM）		○	守谷	
10	水			○	守谷	
11	木			○	守谷	
12	金			○	守谷	
13	土	PTA総会				OFF
14	日		○	○	並木中等	TM　対並木中等　※保護者送迎
15	月					OFF
16	火			○	守谷	
17	水			○	守谷	
18	木	全国学力テスト		○	守谷	
19	金			○	守谷	
20	土		○	○	常総	IFA第5節　対パルツォ＆TM対国府
21	日					OFF
22	月	振替休業日	○		常総	TM　対取手二中
23	火			○	守谷	
24	水			○	守谷	
25	木			○	守谷	
26	金			○	守谷	
27	土	2・3年	○	○	大子中	IFA第6節　対結城南
		1年	○		未定	TRorTM予定
28	日	昭和の日				OFF　※トレセンデー
29	月	振替休日	○		守谷	練習8時～10時 部活動PTA予定
30	火	2・3年	○	○	神栖市	関東サッカー大会①
		1年				OFF
5/1	水	2・3年	○	○	神栖市	関東サッカー大会②
		1年				OFF
2	木	全学年				OFF
3	金	全学年	○	○	常総	TM　対取手一　他
4	土	2・3年	○	○	常総B	IFA第8節　対フォーウィンズネクスト
		1年	○	○	常総	TM　対谷中（東京）
5	日	2・3	○		常総	IFA　対ジュノー
		1年		○	守谷	TM　対戦相手未定
6	月	振替休日				OFF
7	火			○	守谷	
8	水	月日課		○	守谷	
9	木					OFF スペトレ18時～19時30分＠常総
10	金			○	守谷	
11	土	3年　他			日立	日立ライオンズ杯①
		2・1年			未定	TM予定　対戦相手未定
12	日	3年　他			日立	日立ライオンズ杯②
		2・1年			未定	TM予定　対戦相手未定
13	月					OFF
14	火			○	守谷	
15	水			○	守谷	
16	木			○	守谷	
17	金			○	守谷	
18	土		○	○	常総	TM　対土浦四、能知南
19	日					
20	月					
21	火			○	守谷	
22	水	3年部停		○	守谷	
23	木	3年修学旅行		○	守谷	
24	金	3年修学旅行		○	守谷	
25	土	3年修学旅行				OFF
26	日	トレセンデー	○	○	常総	TRorTM　※トレセン参加者以外
27	月	振替休日	○		常総	練習　時間未定
28	火					OFF
29	水			○	守谷	
30	木			○	守谷	
31	金			○	守谷	
6/1	土		○	○	未定	
2	日		○	○	未定	IFA第9節　対多賀　※未定
3	月					OFF
4	火			○	守谷	
5	水			○	守谷	
6	木			○	守谷	
7	金			○	守谷	
8	土			○	未定	TMorTR
9	日			○	常総予定	TMorTR
10	月					OFF
11	火			○	守谷	
12	水			○	守谷	
13	木			○	守谷	
14	金	守谷市総体	○	○	常総	対けやき
15	土	守谷市総体	○	○	常総	対愛宕、御所ケ丘

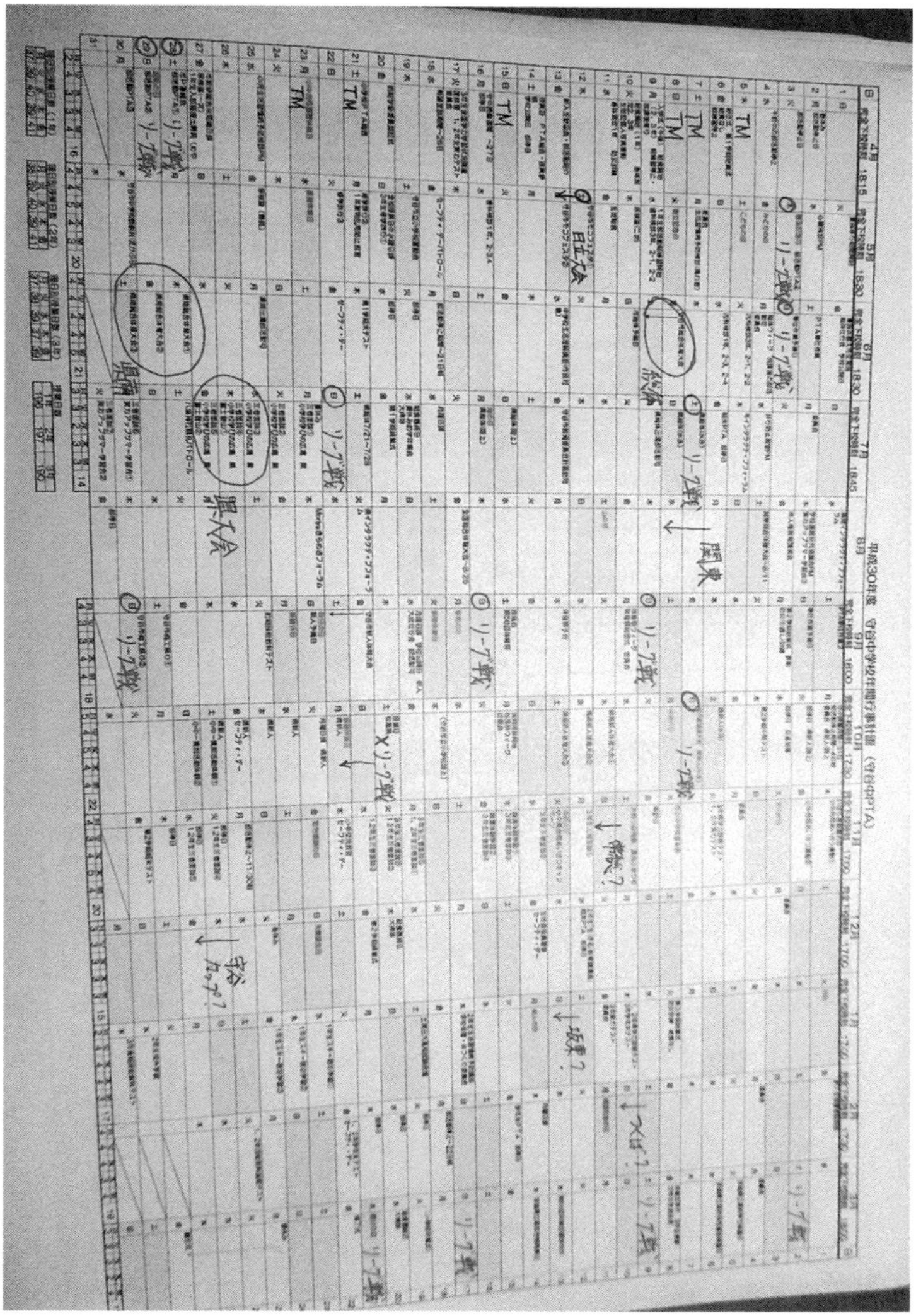
平成30年度　守谷中学校年間行事計画（守谷PTA）

ルール

12

当たり前を疑い、あえてなくしてみる

部活動に限らず、学校現場には当たり前のことがたくさん存在していると思います。

例えば、宿題を出すことは、どの学校でも当たり前になっています。宿題の目的は何かと問われれば、「学習習慣を身につけること」「学力を向上させること」と答えると思いますが、本当にその目的は達成されているのでしょうか。

このように**学校現場ではいつの間にか「手段が目的化」してしまっていること**があります。

部活動でも同じです。

例えば、当たり前のように行われている中学校体育連盟の大会があります。県大会、地方大会、そして全国大会につながる大きな大会です。

もし、その大会がなくなったら、先生たちはどうするでしょうか。

一気にやる気をなくす先生がいたとしたら、部活動は誰のためにあるのでしょうか。

たとえ、中学校体育連盟の大会がなくなっても、私はこれまでと変わらずに部活動を行うと思います。それは大会が手段の一つであり、その手段がなくなったら別の手段を用いればよいと思っているからです。

もう少し、部活動の当たり前について考えてみたいと思います。

なぜ、ほぼ毎日放課後に練習するのでしょうか。

私たち教員はいつの間にか、なぜ練習するのかという目的を考えず、練習すること自体を目的とするようになっていると感じます。

練習といえば、以前は「練習時間は長ければ長いほどよい」という考えがありました。もちろん、サッカーやバスケットボールのような試合の時間が決まっているスポーツと、バレーボールや野球のような決められた得点や回数に達するまで行うスポーツには違いはありますが、だいたいどの部活動でも長い時間練習する方がよいと言われていました。

私は「練習時間は長い方がよい」という当たり前を疑い、逆に短くしてみました。それまでは二～三時間やっていた練習を「一時間しかやらない」と決めてやってみました。

自分が選手の立場になったつもりで考えてほしいのですが、今日の練習は一時間しかないと思ったら、その一時間に全力で取り組むはずです。

また、指導者もたった一時間の練習を効率的にするために、やることを限定する、待っている時間を減らして効率をよくするなどの工夫をするはずです。

いつも二～三時間練習していたのをやめ、一時間で練習を終えると、子どもたちから「もう終わり?」という声が聞こえてきました。

練習を二～三時間やっていたら、絶対に聞くことはなかったでしょう。

練習時間を短くすると、子どもたちはもっとやりたい気持ちになります。この状態を経験してこそ、二時間の練習をこなせるようになると思います。入部したばかりの一年生に、上級生と同じように長い時間練習させるのは部活動を嫌いにさせるだけです。

一時間の練習時間といえば、『やり抜く力』(アンジェラ・ダックワース著　ダイヤモンド社)に、**「選手として最盛期を迎え、世界で活躍している選手たちにとっても、『意図的な練習』ができるのは最大1時間」**と書かれているのを読んだことがあります。大切なのは練習時間より、意図的な練習にできるかどうかだと思います。

スポーツ医・科学の進歩により、部活動も大きく変わってきました。

以前は「水を飲むな」という指導でしたが、今は「水分補給をしなさい」という指導に変わってきました。とてもよいことだと思います。ただ、教員だけで行う部活動は、どうしても顧問の経験や知識、考え方に左右されがちです。

そこで、私は部活動指導員や外部指導者を招いて、考えや情報を聞くようにしています。クラブチームと練習試合をする機会も多いので、クラブチームの指導者の考えを聞いて、自分の中の当たり前を疑うようにしています。

その中の一つとして、部活動の準備や片づけを上級生が行っています。多くのチームは一年生がやると思いますが、なぜそうするのかを考えた時に、私の中では明確な答えが出ませんでした。

あったのは、「自分が経験してきたから」というものでした。この私の考えを聞いて、子どもたちは理解、納得して動くことはできないと思います。

一度、自分の部活動にある当たり前を疑うことをおすすめします。

まとめ

- 学校現場では「手段が目的化」している
- さまざまな人と話すことで、自分の中にある当たり前を疑ってみる

ルール

13

シンプルな練習にする

子どもたちが「先生、今日の練習メニューはどうしますか？」と職員室に聞きにくる姿をよく見かけます。私が練習を見ることができない時は、コーチも「先生、今日のメニューどうしますか？」と聞いてきます。

練習メニューをこなすことが目的になっているように思います。

サッカーの場合、指導者講習会という場があります。

二十代の頃の私は、必死になって練習メニューをメモしていました。

そして、何も考えないまま、子どもたちにそっくりそのまま同じ練習メニューを与えていました。

練習をこなすことで子どもたちはそれなりにうまくなっていったと思いますが、今思うと、「これが最先端の練習だから」と、練習メニューをこなすことだけしか考えていなかったと反省しています。

その当時を振り返ると、同じような選手ばかりになってしまったという感じがします。やはり、**一番は子どもたちの実態**です。これを抜きにして、どんな練習を行ってもうまくなることはできません。

ここ最近、「倉岡先生はどんな練習をしていますか?」と聞かれることがありますが、私は「皆がやっている練習と変わらないよ」と言っています。質問した方は「そんなことない」という表情をしますが、本当にどのチームでもやっている練習だと思います。

ただ、今、**自分の頭の中にあるのは、難しい練習メニューをこなすより、シンプルな練習にした方がよい**という考えです。

私の考える**シンプルな練習の理想は試合**です。つまり、試合に近い練習こそがシンプルな練習だと考えています。

サッカーの場合、ゴールに入れる、ゴールに入れさせないスポーツです。私は、練習にその場面がなかったら、サッカーの目的から外れると考えていますので、ゴールを使う攻防のある練習を数多く行っています。

もちろん、全ての練習でゴールを使うわけではありませんが、練習の大半はゴールを使う練習であり、ほとんどの練習を試合形式で行うようにしています。

シンプルな練習にすると、子どもたちは自分たちでやるようになります。

例えば、緊急の会議などがあって部活動に顔を出すことができなくなった時、「子どもたちはどうしているのかな」と思ってグラウンドを見ると、すでに試合をやっています。試合なので、子どもたちは夢中になっています。(それでも「グラウンドの熱量が低い」と叱ることはありますが……)

もう一つ、**練習で大切にしていることは、「継続」と「刺激」**です。

一流の選手は、当たり前のことを大切にしていると聞きます。それは小学生でも中学生でも同じです。ただ、いつも同じ練習ばかりしていると飽きが生じてきます。

そこで、「刺激」が必要となるわけです。

「刺激」の与え方は、多くの先生方が授業でやっていることと同じです。

例えば、サッカーでは二人組で向かい合ってパスをし合う練習、野球でいうキャッチボールのような練習があります。

プロでもやる大切な練習ですが、ずっとやり続けていると飽きてきます。

私は、「止める時の音をなるべく消してごらん」と指示を出します。

また、「ボールのどこをどう触ったら音が消える?」と発問します。

指示や発問によって、子どもたちに刺激を与えるのです。それまで何気なくやっていた子どもたちは音を立てないように意識して練習をやり始めます。

もう一つは、**「易→難」のステップ**を踏ませることです。

先ほどの練習ですと、マーカーや足で四角のエリアをつくってあげて、その中でボールを止めさせるようにします。あるいは、少し動きを入れて止めさせます。

私たち教員は、授業中に発問や指示を与えることで、授業のねらいに導こうとします。また、少しずつ変化を入れて繰り返すことで、習得させることも普段からやっています。普段やっていることを、部活動でも生かしていけばよいので、特別に力を入れる必要はありません。以前の私は、いろいろな本を読んで、練習メニューをメモして「俺はこんな練習をさせているのだ」と自己満足していたと思います。結局はどんな練習が大事かではなく、集中して練習した方がうまくなると思います。

まとめ

- シンプルな練習、すなわち試合に近い練習を行う
- 継続と刺激を与え続ける

ルール

14

一人一人の活動時間を確保する

ある本を読んでいて、「補欠」について考えさせられたことがあります。外国のスポーツ文化では、「控え」は存在するが、「補欠」は存在しないということです。「補欠」と「控え」の決定的な違いは、試合に出る可能性があるか、ないかです。残念ながら「補欠」には、試合に出る可能性はありません。

「部活動で学ぶのは技術だけではない」という言葉を聞きます。たしかに、私もそう思うのですが、それは試合に出てこそ言える台詞ではないかと思います。

それに何事も、**試合といった緊張場面が一番成長できる場**だと思うのです。緊張場面をくぐり抜けた先には、必ず成長があると思います。

そこで、私は人的な体制を整え、部活動指導員や外部指導者をチームのスタッフに招き入れました。

私のチームは、例えばある大会に三年生主体のＡチームが参加する場合、二・一年生主体のBチームは練習試合を組むようにしていました。そうすることで全ての子どもたちの活動時間を確保するように努めています。入部したばかりの一年生がボール拾いをしているチームがある中で、私のチームの一年生は四月から試合に出場し、力を磨いています。

また、一年生だけで十一人以上の部員がいれば、一年生だけでチームを結成し、公式戦となるリーグ戦にも参加するようにしました。ある年は、選手が十一人ちょうどしかおらず、参加を迷いましたが、それでも公式戦を経験できたことは選手、そして私にとっても大きな成長となりました。やはり、試合に勝るものはありません。

このように全ての子どもたちの活動時間を確保するように努力していますが、大会の規模や規定によっては試合に出場できない場合もあります。その時は子どもと相談して、大会に参加するか、あるいは練習試合に参加するかを決めるようにしています。

気をつけている点として、自分が直接見られなかったチームや子どもについては、担当した指導者から話を聞いたり、ビデオを見たりして情報を得るようにしています。

そして、**練習の時に声をかけるようにして、「いつも見ている」というメッセージを送るようにしています。**

また、部員全員で大会に参加した場合でも、**出場していない子どもを対象に試合と試合**

の間に練習をするようにしています。

中学校で部活動に取り組む時間は約二年と長いようで短いです。わずかな時間でも大事にするようにしています。

日常の練習も複数体制で指導にあたっています。そのかわり、練習時間は長くしません。これは指導者不在でダラダラと長い時間練習するより、短い時間でも指導者が必ずついて、子どもたちに声をかけた方が上達すると思っているからです。私たち指導者も必ず練習につくかわりに、練習時間を短くします。その時間に集中することにもつながりますし、あいた時間を他の仕事に回すことができるという利点があると思います。

活動時間を確保するために、物的な体制も工夫しています。

現在、私の学校には正規のサッカーゴールが三つあります。他の学校は、おそらく二つだと思いますので、大変ありがたいです。

そのサッカーゴールに加えて、ミニゲーム用のサッカーゴールが四つもあります。サッカーゴールがたくさんあることで、フルコートやハーフコートの試合、ミニゲームなど、さまざまな試合を行うことできます。

以前は、多くの子どもたちが並んでシュート練習を待っている姿が見られました。シュート練習をする時間よりも並んでいる時間の方が多くてはもったいないです。その点、わが校の場合はゴールが複数あるので、待ち時間を少なくすることができます。ゴールの他に、大小さまざまなコーンや、コーンとコーンをつなぐバーもあります。物が充実することで、当然、練習のバリエーションは増え、子どもたちの待ち時間も少なくなります。

ボールも一人一個あるように管理するとともに、あまりにも古くなったボールは休み時間用のボールにしています。部活動ではありませんが、昼休みに男女問わずボールで遊んでいる姿を見ると、とてもうれしくなります。

サッカーコートのラインが消えないように、まめにライン引きも行っています。ちょっとしたことですが、子どもの活動時間を確保できるコツだと思っています。

まとめ

・人的体制を整え、試合の出場機会を増やす
・物的体制の工夫を行い、練習の待ち時間を減らす

ルール 15 全体練習後に、自主練習の時間を確保する

私は、全体練習の後に自主練習を取り入れるようにしています。これは、名古屋グランパスエイトの風間八宏監督の本を読んで真似したことです。

吹奏楽部に例えると、全体練習は全体で合わせる時間となるのに対し、自主練習はパート練習や自分自身の課題と向き合う時間になります。放課後に一時間三十分活動できるとしたら、約一時間を全体練習、残り十五～三十分を自主練習の時間にしています。

自主練習は子どもの自由時間ですので、自主練習の内容は、子どもに任せています。

子どもから質問や相談があれば応じますが、基本的には子どもの自主性に任せていて、顧問やコーチは何も言わずに子どもの姿を見ています。

「コーチ、フェイント教えて」というリクエストがあれば、コーチは喜んで自主練習につき合っています。コーンやミニゴール、ビブスも自由に使わせています。

自主練習をするようになってから、明らかに子どもたちの姿勢が変わってきたように思

います。それまでは、やらされているという印象があったのですが、自主練習によって、「ここが課題だ」「ここをもっとうまくしたい」という姿勢に変わってきました。

自主練習のポイントは、「全体練習の後に行う」ことです。

全体練習前に、自主練習を行ったこともありましたが、頭と体が十分にあたたまっていないせいか、自主練習の効果を感じられませんでした。

逆に、全体練習後ですと、十分、十五分の短い時間でも、自主練習の効果を感じることができました。全体練習の最後は、ほとんどがゲーム形式ですので、子どもにとっても課題を実感しやすいのかもしれません。

自主練習を日々の練習に取り入れていると、子どもが自分で練習するようになりました。休日の練習では、集合時間の一時間前から練習を始める子どもも出てきました。あまりに早いと、他の先生方に迷惑をかけるので「あまり早くから蹴らないように」と注意しますが、一度心に火がついてしまうと、なかなか消すことはできません。特に、先輩が自主練習に取り組むので、自然と下学年も真似するようになっていきます。

もう一つのポイントは、「自主練習をやれ」と言わないことです。

部活動のねらいは、子どもの自主性にあります。やらされる状態では、絶対にうまくならないですし、続かないと思います。このことは、勉強にもあてはまると思います。成績が伸びる子どもは、「勉強しなさい」と言われなくても、自分から進んで勉強します。「塾に行っているからいいや」という受け身の子どもは逆に心配です。

授業の残り時間、テスト勉強の時間をとると、その子どもの成績がなんとなく予想できます。静かに自分の課題に取り組んでいる子どもほど、自分のことを客観的に捉え、伸ばそうと努力します。

自主練習でも、子どもの取り組んでいる姿を見ると、一人一人が何を課題だと捉えているのか、何を伸ばそうとしているのかがわかります。また、子どものやる気も感じることができます。

ただ、子どもにやる気がないように感じたからといって、あえて何も言いません。**余計な一言が子どもの成長を妨げる**からです。こちらがやる気を感じなくても、もしかすると、子どもは頭の中であれこれ考えているかもしれません。

はっきり言えるのは、自主練習に目的をもって取り組んでいる子どもはどんどん伸びていきます。

だから、自主練習に熱心に取り組んでいる選手を先発で試合に出場させてみます。あえて言葉にせず、先発で出場させるという目に見える形にすることで、他の選手たちにも考えるきっかけとなります。また、その選手が試合で活躍すれば、その選手にとってもチームにとってもプラスです。

部活動の集団にいかに刺激を与えるか、私にとって自主練習はその手段の一つになっています。

自主練習には、自分で必要なことを考えて、自らやることで、技術が高まっていくという効果があります。そして、子どもの考え方が変わり、やる気になって自分と向き合っていけば、顧問が何も言わなくても自分からやるように変わっていくと思います。

自分からやる状態は好きになっている証です。好きになれば、努力が苦にならなくなります。部活動の究極の目標は、「好きにさせる」ことであり、そこを目指せば、子どもも顧問も充実した部活動になるのではないでしょうか。

まとめ

・全体練習→自主練習のサイクルで自主性を高める
・自主練習の強制はしない

3章

チームづくりのルール

ルール

16

全ての子どもを大切にする

全ての子どもを大切にするというのは、平等に扱うことだと私は思っています。

平等というと、「全員を試合に出場させる」「出場時間を同じにする」といった形式的なことに目がいきがちですが、私の場合、そうではありません。

試合に出場できるのはサッカーの場合十一人、野球ですと九人であり、限られた人数です。バレーボールやバスケットボールなど自由に交代できるスポーツもあれば、サッカーのように基本的に自由交代が認められないスポーツもあります。

どの子どもも試合に出場させたいのですが、現実としてそれはできません。

だからこそ、**私が考える平等は、「子ども一人一人をうまくさせること」**です。

子どもによって立場や状況は一人一人異なります。キャプテンであればチームを勝利に導くような活躍を求めますし、試合に出られない選手であれば試合に出られるように力を伸ばすことを考えます。

つまり、**他者と比較するのではなく、自分自身と比較させ、成長を実感させることが平等なのだ**と私は考えています。

自己肯定感という言葉があります。教育に携わる者として大切な言葉であり、それはほめること、成功体験によって育まれると言われています。

しかし、人と比べることばかりしていると、自己肯定感が育つのではなく、他人との比較ばかり気にするようになってしまいます。そのような子どもは、自分のことしか考えません。仲間や相手のことを考えず、自分さえよければよいという危険な考えに陥ります。

保護者に「ほめるなら才能ではなく努力を」と伝えているのはそのためです。「足が速い」とほめられるよりも、「毎日走っているのがすばらしい」とほめられる方が伸びていきます。

私の父は仕事の都合上、家にあまりいませんでした。たまに帰ってきた父が通知表で真っ先に見るのは「出席・欠席欄」でした。毎日出席したことをほめてくれたことがうれしかったですし、逆に欠席があると「どうして休んだ？」と聞かれたことを覚えています。成績については、よくても悪くても何も言いませんでした。

子どもたちは「才能」という言葉に憧れます。言葉の響きも格好いいですが、才能よりも努力し続ける子どもの方が伸びていくことを私は知っています。この努力し続ける姿勢を育むために、私たちは子ども一人一人を大切に扱っていかなければなりません。

もう一つ、私が心がけているのは「あきらめない」ことです。チームの基本的な心がまえとして、「あきらめない心こそ　守谷中のピッチに立つ条件」を掲げています。

あきらめないというのは子どもが自分自身に対してあきらめないこともありますが、私も子ども一人一人をあきらめないようにしています。

公立の中学校の部活動では初心者がたくさん存在することでしょう。中には、「ちょっと厳しいな」と思う子どもも正直います。

しかし、そこで指導者があきらめたら、その子の選手生命だけでなく、人としての生き方もダメにすると思います。それが「部活動は教育の一環」と言われる点だと思い、私は自分自身を奮い立たせてきました。

練習中、他の顧問の先生やコーチと「どうしたら伸びるだろう?」と話し合い、次の手を考えていく時間は私にとって楽しい時間でした。

時には本を読みあさることでヒントを得たこともあります。そうやって、全ての子どもをあきらめないことが、私自身の成長にもつながってきました。

先日、ある大会で、いつも出場している選手たちがケガや生徒指導上の問題で出場できないという事態が発生しました。かわりにトップチームの試合に出場したことがない選手たちがスタメンで出場しました。予選リーグ最終戦、その選手の一人が決勝ゴールを決めて勝利しました。ゴールの瞬間、選手、保護者も大喜びでした。その選手たちは部活が休みでも自主練習を頑張ってきただけに、私も本当にうれしかったです。「努力はいつか報われる」ということを実感した出来事でした。

全ての子どもを大切にするのは、部活動だけでなく、学校生活でも同じです。**「子どもたちをあきらめる」ということは、「自分自身をあきらめる」ことです。**毎年いろいろな子どもたちと出会ってきました。おそらく先生方もそうでしょう。今、目の前にいる子どもたちと向き合い、万策尽きるまでやり抜けば、たとえその時結果が出なくとも、きっと明るい未来につながっていくと私は信じています。

まとめ

・他人と比べず、自分自身と比較させ成長を実感させる
・子どもをあきらめることは自分をあきらめることになるから決してあきらめない

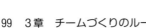

ルール

17

先頭集団をつくり、先頭を走る子どもを伸ばす

集団が変わっていく時、必ず先頭を走る人がいます。学級や学年でも先頭を走る子どもたちがいると思います。部活動でも先頭集団をつくっていくことは大切だと思います。**先頭集団ができた後、その先頭を走る子どもたちの足を止めてはいけません。**

通常、底上げと称して、集団の下の子どもたちを伸ばそうとします。私もよくやっていました。たしかに、下の子どもたちを伸ばすことによって、底上げはされるかもしれませんが、成長スピードはゆるやかになってしまい、その間、上のレベルにいる子どもたちは現状で止まってしまいます。そうすると、集団は強くなりません。

逆に、教員が下のレベルの子どもたちに注意することによって、上のレベルの子どもたちも注意するようになり、子どもたちの中で自然と上下関係ができてしまいます。こうなると、上のレベルの子どもたちは努力しなくなります。

そこで、私は、下のレベルの子どもたちには、「どんどん失敗していい」と言い、挑戦

した姿勢をほめるようにしています。

そのかわり、上のレベルの子どもたちには、練習中から細かく注文をつけます。そうすると、「あの子どもが言われるのか」と練習の雰囲気がひきしまっていきます。

当然、雰囲気がひきしまっていくと、技術も向上していきます。上のレベルの子どもたちを伸ばしていると、自然と下のレベルの子どもたちのレベルがぐんぐん上がってきました。

逆に、試合に出ていない子どもたちばかりに注文をつけていると、チーム内の基準が下がってしまいます。基準が下がってしまうと、上のレベルの子どもたちはもっと成長しようという姿勢にはなりません。

基準は天井と同じです。私のイメージとしては、天井をつくらない、あったとしても高い天井にしようと考えています。

このことは学級経営や授業でも心がけています。

逆転現象が起こるように授業を仕組むこともしていきますが、授業中に発展的な課題を用意しておくことで、上のレベルの子どもたちの天井を高くすることもしています。

もう少し具体的に述べると、部活動では、私は上のレベルの子どもたちはコーチや大人と一緒にプレーさせます。

コーチとマンツーマンでパス練習をさせると、コーチのパススピードに対応できず、トラップミスをします。コーチには「どんどん求めていい」と言ってあるので、コーチはレベルを下げずに速いパスを出し続けます。

ある時は、練習試合の相手チームに大人を入れ、あえてその大人とマッチアップするような機会をつくったこともあります。また、その逆で、大人の中でプレーさせることもあります。

大人の中でプレーすると、確実に変化していきます。プレーもそうですが、メンタル面でも変化していきます。大人の中でやっていると、プレーはもちろん、大人の言葉や対応を学んでいきます。それが憧れとなっていきます。思春期の特性に「憧れをもつ」というのがありますが、この憧れを利用していきます。

もう一つ、上のレベルの子どもたちを上げていく方法として、「自分はこのような人間だ」という自覚をもたせることがあります。

ある高校野球の話をテレビを見ていた時です。試合で、エースとして期待されていた投手がねばれず、打ち崩される場面がありました。「あそこで踏んばらなきゃダメだろ！」

と試合後に監督から厳しく指摘されていました。たしかに、この投手は「はい」と返事をしていましたが、明らかに頭に入っていないようでした。

私はテレビを見ていて、この投手に欠けているのは「エース」としての自覚だと感じました。「立場が人をつくる」という言葉があります。立場は大切ですが、本人が自覚してこその立場だと思います。ちなみに、この投手はミーティングで別の選手から「お前はエースなんだ」と言われ、ようやく目が覚めて変わっていきました。

私が**「うまい人ほど努力する」**という言葉を繰り返し用いるのは、選手に自覚を促すためです。「俺は周りよりうまいからいいんだ」と勘違いするのではなく、**中心選手としての自覚をもち、どんどん練習するような集団、雰囲気でなければ、組織として成長しません。**これは学校組織でも同じで、中心にトップランナーがいる学校は成長し続けるはずです。

まとめ

- 上の子どもたちに刺激を与えることで集団を伸ばす
- 上の子どもたちに自覚を促して集団を伸ばす

ルール

18

役割分担を明確にする

学級経営でも部活動でも、子どもに所属感を抱かせることは大切なことです。

高校サッカーや高校野球を見ていると、応援席で一生懸命応援している姿を見ることがありますす。「試合に出られないのによく応援するなあ」と思う方もいらっしゃると思いますが、おそらく、そのようなチームは選手に所属感を抱かせるような工夫を行っているのだと思います。

私の場合、**役割分担を明確にすることで、子どもに所属感を抱かせる**ようにしています。

多くの教室で行われている実践ですが、**一人一役制をアレンジして、一人一役リーダー制**にしています。グラウンド整備リーダー、ボールリーダー、ビブスリーダーといった仕事を部員全員で話し合って決定していきます。

あくまでもリーダーなので、グラウンド整備リーダーがグラウンド整備をやるわけではなく、部員全員に声をかけるようにしています。

仕事を決定する際に配慮する点としては、入部したばかりの一年生と二・三年生が一緒になるようにしています。そうしないと、何もわからない一年生が困ってしまうからです。

また、キャプテンは日々顧問と部員の間に立って連絡することも多いので、キャプテンは一人一役リーダー制には入れていません。

キャプテンといえば、皆さんはキャプテンをどのように決定しているでしょうか。

キャプテンの決め方は、部員全員に聞く、先輩に聞くなど、さまざまあると思いますが、私の場合、私がキャプテンを決定し、二年生になった段階で、「次のチームのキャプテンは君だよ」と伝えています。

早めに伝える理由として、一年生でチームを編成

	リーダー	主な仕事
1	グラウンド①	グラウンド整備の指示を担当（土入れなど）
2	グラウンド②	グラウンド整備の指示を担当（土入れなど）
3	ライン①	ラインを引く仕事の指示を担当
4	ライン②	ラインを引く仕事の指示を担当
5	ボール①	ボールの空気や数チェックなどを担当
6	ボール②	ボールの空気や数チェックなどを担当
7	ボール③	ボールの空気や数チェックなどを担当
8	審判・ 副審フラッグ	審判の分担指示を担当，副審フラッグの準備
9	ビブス①	ビブスの洗濯分担や枚数確認を担当
10	ビブス②	ビブスの洗濯分担や枚数確認を担当

して試合を行っていることもありますが、新チームに移行した際、スムーズにチームを動かす必要があるからです。

新チームになってから動きが止まっていては、継続してチームを強化することはできません。ある先生が「一度チームを弱くすると、もとのレベルに戻すのには時間がかかる」とおっしゃっていました。この言葉の重みを、現在ひしひしと感じているので、チームの強化が滞らないようにしています。

早めに伝えるもう一つの理由は、二年生の意識を高めることで、チームの結束力を高めたいからです。

私はチームをつくっていく中で、中堅学年の二年生がポイントになると思います。三年生は黙っていても最高学年の意識が出てきます。六・七月に総体があることも三年生の意識を高めてくれています。しかし、中堅学年の二年生は何か働きかけをしないと、生活が乱れることが多いと思います。

そこで、**早めに次のキャプテンを伝えることで、二年生全体の横のつながりを強化**させていきます。

キャプテンに指名する選手は、試合に出場している場合が多いので、プレー面と行動面の双方から二年生全体に呼びかけることができます。副キャプテンはさまざまなことを考慮して、二〜三名選んでいます。

さて、一人一人の子どもにリーダーという役割を与えたら、今度はチェックが必要となります。チェックというと、「監視」「罰則」のイメージが強いですが、**ここでのチェックはそのようなマイナスの作用ではなく、促進作用の働き**を示しています。

私の場合は、顧問が時折子どもの活動を見る、キャプテンを中心にミーティングをさせて確認する、全体の場で挙手させるなど、さまざまな方法を用いて、現状を確認し、振り返っていくことを定期的に行っていきます。

さらに**大切になるのが、「承認」すること**です。チームの中には、見えないところで汗を流す子どもが必ずいます。その子どもの動きを認め、全体に広げていくことは私たち顧問の役目です。「部活動は教育の一環」と言われるのはそのためだと私は思います。

まとめ

- 一人一役リーダー制にして役割を与え、チェックする
- 次のキャプテンを早めに伝えることで、チーム強化を継続する

ルール
19 多くの人と関わりをもつ

中学生は心が成長し、社会性が発達する時期です。その貴重な時期に、多くの人との関わりを通してさまざまな経験をし、見聞を広めてほしいと願っています。

そのため、**私は人との関わりを大切**にしてきました。

例えば、栄養教諭による食育指導です。

普段、子どもたちと栄養教諭が接する機会は滅多にありません。中には「あれ誰だっけ?」と思う子どももいます。

栄養教諭による食育指導を取り入れる前は、私からの「食べろ」という一方通行の指導でしたが、栄養教諭による食育指導を取り入れてからは明らかに子どもの食への意識が変わりました。

これまで好き嫌いだけで判断し給食を残していた子どもが、必要な栄養だと思って食べる姿が見られるようになりました。また、試合と試合の間にとる補食も変化してきたと実感しています。

そして、なにより栄養教諭の思いを考えられるようになったと思います。栄養教諭がどのような思いや考えで献立を考えているのか、給食を残さず食べるというのはどのようなことかといったところまで考えられる子どもが増えました。これは栄養教諭との出会いを通して、子どもが成長した姿だと思いました。

栄養教諭のように、本校にはすばらしい先生方がたくさんいらっしゃいます。

ある年の市総体で、大事な場面でＰＫをとられて負けたくやしい試合がありました。試合後、私も選手たちもくやしさでいっぱいでした。選手には「まだ県南大会があるから切り替えていこう」と話したのですが、選手たちはそのくやしさを忘れたのか、シャツを出すなど、乱れた服装で閉会式に参加していました。

そこで、美術部の顧問であった先生にお願いをして話をしていただきました。その先生は全国展でたくさんの入賞者を出される実力のある方でした。

その先生は、あらためて日常生活の重要性をサッカー部員に熱く語っていました。子どもたちは美術部や授業を通して、実績がある先生だということを知っていたので、真剣な表情で話を聞いていました。

その先生も、サッカー部の歴史を知っているだけに、サッカー部の変容と成長を語るとともに、たりない点を指摘してくださいました。その話によって、部員の中で何かが変わったのかもしれません。市総体後の県南総体では快進撃を見せる戦いをしてくれました。県南総体後、試合を見にきてくださった方から「守谷中学校の子どもはトイレで履物をそろえていた」ということを聞きました。私たち顧問からの指示があったわけではありません。子どもがその先生の話を聞いて、自主的に行動したのだと思うと、とてもうれしかったです。

また、ある年は、あと一歩で勝ち進めない時がありました。そのあと一歩は何なのだろうと思った私は、審判目線で考える必要もあるのではないかと思いました。

幸い、本校には総体や新人戦で審判のお手伝いをしてくださる先生がいらっしゃいました。その先生には、審判の目線から子どものプレーやチームの戦い方のアドバイスをしてもらいました。

また、その年はスクールカウンセラーによるメンタルトレーニングも実施しました。

このように多くの人との関わりによって、チームは成長していきましたが、一番は校長先生との関わりだと思います。

私が守谷中学校にいる間にご指導してくださったのはお二人の校長先生でした。

ある校長先生は、ハンドボール部の顧問をされていた時に、全国大会で優勝されたこともある方です。種目は異なりますが、勝負のにおいを感じ取られる方なので、校長先生の一声のおかげで助かった場面もありました。

試合後、「あれ、今日校長先生は？」と子どもたちが言うくらいですから、本当に校長先生のことが大好きなのだと実感しました。

振り返ると、どちらの校長先生も、いつでもどこでもよくピッチに足を運んでくださり、子どもに声をかけてくださいました。子どもにとっては、その一言が励みや自信になったと思います。


学校には多くの教職員が関わっています。顧問以外の教職員との関わりも部活動のよさではないかと思います。

まとめ

・人との関わりで子どもたちの心や社会性が発達する
・学校に関わっている人材を生かす

ルール

20

多様性を認める

私たち人間をはじめ、生物には生命があります。生命の進化を考えていくと、生命というものは環境に適応していくために、自らの改革を繰り返してきました。

そして、その結果として、多様な形態をした多くの命が、共に生きて支え合う仕組みである「共生」を選んだのです。

つまり、**生命はその本質において多様性を求め認め合わなければ、自らが生き延びることはできない**のです。

このことは、学校の教育現場はもちろん、部活動でも同じだと考えています。

公立の中学校の部活動には、子どもを選抜する仕組みはありません。

体の大きさも、技術レベルも、考え方もさまざまな子どもが入部してきます。本当に多様なメンバーが集まってきます。

私はこの多様性を大事にしています。

若い頃の私は、自分の考えの枠にあてはめようとしてきました。「こんな選手でなければならない」「必ずこのようなプレーをしなければならない」といったかたくなな考えで子どもたちに接していたと思います。

そのような指導者の下では、当然、子どもたちの発想も乏しくなります。

その当時、県のトップレベルでプレーしていた子どもたちが、中学校ではサッカーをやらずに違う部活動に入部したのは、私の指導力不足が原因です。もし、私自身が多様性を大事にしていたら、子どもたちはきっとサッカーを楽しめたはずです。

その反省もあって、**現在は子どもたちの多様性を大事にする**ようにしています。

技術はまだまだでも、足が速い子がいます。

足が遅くても、技術や判断力が優れている子もいます。

身長は小さいけれど、ジャンプ力がすごい子もいます。

すぐにカッとなるけれど、どんな相手にも恐れず戦える子もいます。

子どもたち一人一人の個性という多様性を私自身が認めることができるようになってから、戦い方も柔軟になったように思います。

それまでの私は、思いきった選手の交代ができなかったり、先発メンバーを固定してしまったりしていましたので、プラン通りにいかなくなると混乱することもありました。

現在は、「あの選手を使いこなせるのは倉岡先生くらいだよね」と言われるようになりました。たしかに性格的に問題のある子どももいますが、自分では使いこなしているつもりはまったくありません。自分の中で決めつけたり、押しつけたりしないように心がけています。

子どもたちに伝えているのは、**「自分を出せばいい」**ということだけです。

自分を出すというと、好き勝手にやるイメージがあるかもしれませんが、試合に勝つという目標は誰もが同じはずです。

最終的な目標を全体で共有できていれば、ぶれることはありません。

点をとって勝たせる子どももいれば、相手からボールを奪うことで勝たせる子どももいます。相手にシュートを打たせないで勝たせる子どももいるでしょう。

選手一人一人が自分のよさを出して、チームが勝てれば、これ以上の喜びはないでしょう。

私が子どもたちの多様性を認めるようになってから、選手同士のコミュニケーションも変わってきたように感じます。

例えば、全体練習後の自主練習を見ていると、「俺、足下にくれた方がシュートにいけるんだよね」といった会話が聞こえてきます。そして、試合中、見たこともないコンビネーションで突破していくのです。こちらとしては、「いつの間にできるようになったんだ」と思ってしまいますが、選手同士が互いのよさを知る、認め合うことで、自然とコンビネーションは高まっていくのだと実感しました。コンビネーションを高めるために、コーンを並べて規則通りのパターン練習をやることも大事だと思いますが、互いを知ることがコンビネーションを高める第一歩だと思います。

ただし、多様性を認める一方で、ルールをきちんと守ることも忘れてはなりません。そこは何でもいいわけでなく、しっかりやるべきです。

生命の進化だって、自然界のルールがあります。自然界のルールをやぶると生態系が変化し、絶滅の道をたどることになりかねません。

まとめ

- 多様性を認めることで子どもたちのよさを引き出す
- 選手同士が互いの多様性を知る、認めることでコンビネーションが高まる

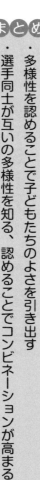

ルール

21

選手ミーティングを行う

子どもたちを集めて全体ミーティングを行うことは、どのチームでもやっているはずです。私のチームもやりますが、それほど回数は多くありませんし、時間も短いです。

私としては、自分が伝えたいことはグラウンドでの練習中に伝えればいいと思っていることもありますが、全体ミーティングを行うことによって、こちらが伝えたいことを言葉や映像に詰め込みすぎて、結果的に子どもを萎縮させたり混乱させたりしてしまったことがあるので、全体ミーティングを行う時は目的を整理して行うようにしています。

全体ミーティングはそれほど多くやらないかわりに、**選手ミーティングを大切に**しています。選手ミーティングというと、部員全員が集まってやる場合もあれば、ポジションが同じメンバーで集まってやる場合もありますし、学年間で集まってやる場合もあります。簡単に言うと、**子どもたちだけの話し合い**です。

子どもたちだけの話し合いを大切にしている理由の一つに、学級経営があります。

特別活動の学級活動を効果的に活用している学級は、「やらされている」という雰囲気がありません。自分たちが「やりたい」「やる」という前向きな雰囲気があります。

中学校の場合、体育祭や合唱コンクールがあります。そのような行事には、「〇〇実行委員」といったリーダーがいます。リーダーを中心に、目標に向かって作戦や練習を考えて実行していきます。

私の失敗談ですが、つい自分が熱くなりすぎてしまい、あれこれ口を出してしまったことがあります。これでは、子どもはこちらの言葉通りに動きますが、常に受け身の状態になってしまい、子どもたちの自主性を引き出すことはできません。

教員からリーダーへのアドバイスや全体のフォローは必要だと思います。

しかし、時には「待つ」という姿勢も大事だと思います。

その点、学級活動を効果的に活用している学級は、課題点を話し合うだけでなく、よかった点を認め合うことで、全体をよりよい雰囲気にしていきます。

このようなことを、部活動にも取り入れていけばよいと思います。

例えば、学級開きをして間もない頃は全体で話し合うのが難しいことがあります。そのような時、まずは少人数での話し合いから始めていくと思います。基本的にチームも同じです。最初は二～三人で話し合うことから始めていけばよいでしょう。そして、徐々に話し合いのメンバーをチェンジし、場を広げていけばよいと思います。

ちなみに、私のチームは、練習開始前に円陣を組ませています。円陣担当の子どもがチーム全体に声をかけてから練習が始まるようになっています。

練習開始の雰囲気をピリッとしたものにしたいということもありますが、子どもに話をさせる場を意図的に設定することもねらいとしてあります。

私のチームの円陣担当の子どもはキャプテンでも副キャプテンでもありません。

自分にも仲間にも熱くなりやすい子どもです。その子どもに全員に話す機会を与えることによって、自分のプレーや行動を振り返るきっかけになり、メタ認知能力を高めることにもつながります。円陣担当の子どもたちは期待に応えるかのように、精神的に大人になっていきました。

また、全体練習後には自主練習の時間があります。自主練習なので、基本的に、私やコーチは子どもたちの動きをじっと見ています。

そうすると、ポジションごとに集まって、練習や試合のことについて話している様子が見られます。これも大切な話し合いの場だと思っています。

この時の話し合いの様子を見ていると、チームの状態がわかります。勝っている時やチームの雰囲気がよい時は、話し合いを積極的に行っています。逆に、負けが込んでいて、チームの雰囲気がよどんでいるように感じる時は、選手間の距離が遠くなっているように感じます。

そのような時は、手をつないでサッカーをさせたり、鬼ごっこをさせたりして頭の中を変えるようにします。

また、時には思いきって翌日の練習を休みにします。子どもたちには休みにする意図は伝えません。その方が子どもたち自身で考えるきっかけになりますし、帰り支度をしながら「なんで休みになったのだろう」と話し合うきっかけにもなります。

選手ミーティングはいつでもどこでもできます。指導者が意図的にその場を設定することと、話し合いを認めていくことで、子どもたちの「やる」姿勢を引き出せると思います。

まとめ

- 選手ミーティングで、子どもたちの自主性を引き出す
- 指導者は選手ミーティングのメリットを生かす

ルール

22

失敗を認め、チャレンジをほめる

「どんどん失敗していい」

これは練習中の私の口癖です。

伸びていく選手にはいくつかの共通点がありますが、その一つに「失敗を恐れない」ということがあります。

失敗を恐れない選手は、練習でたくさん失敗します。その姿を見ていると、試合で失敗しないようにしているからであり、今よりももっとうまくなって成長しようとしていると感じます。

そのような選手は、試合に「失敗しないようにやろう」ではなく、「成功しよう」「チームを勝たせよう」といった前向きな気持ちで臨んでいます。

逆に、失敗を恐れている選手は、練習から挑戦をしません。そうすると、練習での失敗は少なくなるかもしれませんが、選手として伸びていかなくなります。

結果的に試合になると、同じ失敗を繰り返し、試合をこなすだけになってしまいます。

ある練習試合でのことです。試合中、熱くなって相手に反則をしてしまい、審判に文句を言った選手と、反則はしないけれど、まったく戦っていない選手がいました。

皆さんだったらどのように声をかけるでしょうか。

試合後、私は全員を集め、次のように声をかけました。

「たしかに反則はいけないし、審判に文句を言うのはダメだ。ただ、それ以上に戦わない、チャレンジしないのはある意味フェアプレーではない」と戦わない選手の姿勢について指摘しました。

選手たちは、これまでも「人のせいや言い訳をするな」と言われ続けてきたので、当然、反則について言われるだろうと思っていたはずです。このようなことを言われるとは思ってもみなかったはずです。

もちろん、反則についてはきちんと指導します。

ただ、この場面では、失敗を恐れて挑戦しないことや戦わないことの方が気になったのです。「失敗をしなければいいんだ」という空気が、チーム全体に蔓延するのを避けたかったというねらいもありました。

熱くなって反則をしてしまった選手も、私の一言によって、自分の至らなさを振り返ることができたようでした。

このように、**失敗してしまったことに気づくことができることも大切**だと思います。

逆に、**過ちやミスに気づかないのは失敗**なのだと私は思います。

例えば、テストで「うっかりミスをした」「ちょっとした間違いをした」という子どもがいます。おそらく、この子どもはいつまでたってもできるようになりません。それは、自分の間違いの原因に気づいていないからです。

このような子どもは、テストが返されても、「自分のちょっとしたミスだ」と思い込んでいるので、もう一度間違いを直すことをしません。やったとしても、学校や塾の先生に言われてからやるといった「やらされている」状況です。

伸びていく子どもは、自分自身と向き合うことができるので、「うっかりミス」と軽々しく口にしませんし、自分から進んで間違い直しや解き直しをします。

勉強でも部活動でも、そして仕事でも、ミスに気づくことができれば、次はうまくやろうと努力することができます。

気づくことができなければ、ずっとミスや間違いをしたままになります。

それが日々繰り返されていくとどうなるかは想像がつくと思います。気づくことができれば、準備もするし、考えようとします。

その気づきを高めるために、私は子どもたちに日記の必要性を伝え、書かせるようにしています。部活ノートや手帳等に気づきを書かせている部もあるでしょう。

私は、学級であれば、日記に書かせる内容は、学校生活と限定しています。そして、子どもたちが書いてきた日記を学級通信にのせます。それは、一人の子どもの気づきを学級全体の気づきに広げていくためです。

一年も経つと、日記を書き続けてきた子どもは間違いなく変容します。書くことによって気づくことができるので、自分で判断して行動できるようになります。そして、日記と学級通信の連動・蓄積によって、いつの間にか集団全体でも判断して行動できるように変わっていきます。

まとめ

- 失敗を恐れないことが伸びる条件
- 過ちやミスに気づかないことが失敗

ルール

23

負けた試合に価値を求める

勝負事をやっていると、勝つ時もあれば、負ける時もあります。

当たり前ですが、勝つとうれしいですし、負けるととてもくやしいです。

特に総体といった大一番で負けると、そのくやしさは長い間引きずってしまうほどです。

しかし、負けることによって気づかされることはたくさんあります。

今でも忘れられない試合があります。

あれは初任の頃、県大会の新人戦でのことでした。

監督の先生がどうしてもその試合に帯同できず、私がかわりに監督としてベンチに入ることになりました。

それまで私は、コーチとしてベンチに入っていたことはありましたが、監督としては初采配でした。

試合が始まると、明らかに子どもたちの動きがかたく、相手のプレーに対応できずに、前半で失点してしまいました。

修正しなければならないのに、この時、私は指示することができませんでした。それだけではありません。ベンチ前のテクニカルエリアに出ることすらできなかったのです。

当然、この試合は負けてしまいました。

選手たちや保護者は何も言いませんでしたが、「○○先生がいたら……」「倉岡先生だったから……」と心の中で思っていたはずです。

完全に自分の力不足で負けた試合でした。一番の力不足は、「周りの人にどう思われているか」という試合に集中できなかった心の弱さだったと思いました。

もう一つは、翌年の新人戦です。私にとって一年前のリベンジと思って、監督としてベンチに入りました。この時はその先生がコーチとして一緒にベンチに入ってくださいました。

前年より結果を残すことはできましたが、自分の中で、もやもやとした気持ちがありました。

ただ、この二つの敗戦によって、私は「俺は○○先生のようにできない。だから、自分を信じるしかない」と完全にふっきることができました。

もし、なんとなく勝利という結果を手にしていたら、私は完全に迷いをふっきることはできなかったと思います。

負けたことによって、自分自身と向き合うことができましたし、逃げ道がなくなったこともふっきるきっかけとなりました。

負けることは嫌ですが、負けは課題をはっきりと示してくれます。

例えば、自分たちが感情的になってしまって負けた試合では、感情的になってしまった原因を考えなければなりません。審判の判定に対して感情的になったのか、それとも自分たちのミスが重なってうまくいかなくなって感情的になったのかなど、感情的になった原因を冷静に振り返っていく必要があります。

その原因を把握し、次に生かすことができれば、同じようなことがあった時にも「あの試合を思い出してごらん。あの試合を生かそう」と冷静に対応できるはずです。

勝つことによって、選手やチームの課題はぼやけてしまいがちで、そこに目がいかなくなります。これはプロの世界でも同じかもしれません。プロ野球で優勝するチームの勝率はどのくらいでしょうか。私のイメージでは優勝しているチームは強いし、ニュースなどを見る限り、いつも試合に勝っているイメージがありましたが、だいたい勝率六割で優勝、中には五割ちょっとで優勝しているチームもあります。ということは、負けている試合も四割はあるのです。力が拮抗しているプロだから負けることも当然かもしれませんが、プロだって負けながら成長しているはずです。

そうであるならば、育成年代の選手たちだって、負ける試合があってよいはずですし、そこから成長していけばよいでしょう。

そう考えるようになってから、自分の気持ちにゆとりができました。

現在、私は子どもたちに「勝つことによって失うこともあるし、負けて得られることもある」と語っています。

もちろん、勝つことによって、様々な経験を積むことができることを知っていますので、勝つことは求め続けていきます。ただ、育成年代で、何をしても勝てばよいという考えは貧しい考えだと思うのです。

まとめ

- 負けることで明確に課題が把握できる
- 負けた試合を生かせば、成長につながる

ルール 24

本物に触れさせる

今の学校では、春休みに、二泊三日の合宿を行ってきました。合宿の練習や試合を通して、個人・チームのレベルアップを図ることを目的としていますが、合宿の日程の中に、鹿島アントラーズの練習の見学を入れました。

試合を見たことがある子どもはいますが、練習を見ることはめったにありません。試合会場よりも間近で見るプロ選手の一つ一つのプレーを見逃すまいと、子どもたちは真剣な眼差しでピッチを見つめていました。

子どもたちが成長していく過程で、本物に触れさせたいと思っています。音楽や美術などをやってきた方は、本物の大切さがわかると思います。

私が子どもの頃は、現在のように試合を直接見る機会はもちろん、テレビでサッカーを見る機会もほとんどありませんでした。ましてや、東京から遠い青森県にきてくれることはほとんどありませんでした。

あれは私が中学生の時だったと思います。岩手県の盛岡市で読売対日産の試合が行われることを知った私は、親にお願いして試合を見に行きました。当時の読売には、三浦知良選手をはじめ、多くのスター選手がいました。対する日産にも、井原正巳選手などスター選手がそろっており、当時の読売対日産は黄金カードでした。私は試合前のアップからずっと三浦知良選手を見ていました。ボールの扱い方、フェイント、本当に全てが格好よく、今でも脳裏に焼きついています。

試合は一対一の引き分けでしたが、Jリーグが始まるんだという勢いを感じた試合でした。その試合を見たおかげで、現在までサッカーを続けることができていますし、今もスタジアムに試合を見に行っています。

今、子どもたちはYouTubeなどの動画、またはテレビで世界のスターのプレーや試合を見ることができます。

しかし、動画やテレビで何試合見ても、スタジアムで見た一試合にはかないません。

スタジアムで試合を見ると、選手の動きが具体的にわかりますし、ボールから遠いところにいる選手が何をしているのかもわかります。また、スタジアム独特の雰囲気を直接肌で感じることができます。

試合を見るのも上達の一つだと思っているので、子どもたちにも試合を見るようにすすめています。子どもたちが「先生、明日の練習を休んで、Ｊリーグの試合を見に行っていいですか」と聞きにくることもあります。他の学校や部活では許されないかもしれませんが、私自身も見に行く機会が多いので、もちろんＯＫします。（子どももわかっていて、大事な試合の時に見に行く子どもはいませんが……）

しかし、家庭の事情等で全ての子どもが試合を見に行くのは難しいことだと思います。だからこそ、**部全体できっかけをつくってあげたい**のです。

プロの試合でなくても、高校生や大学生の試合でもよいと思います。高校生の試合ですと、ほとんどが無料で見ることができるので、学校から近い会場で行われている試合を部員全員で見に行ったことがあります。ある時は、高校生の試合会場近くの学校と練習試合をしてから、試合を見に行ったこともありました。

高校生でも、全国大会レベルの試合などは特に、勉強になります。選手名はわからなくとも、高校生の意識の高さ、試合の激しさを見ることは、進路指導にもつながっていきますし、子どもたちにも「高校生はこのくらいやっていただろう」と日々要求することができます。

同年代にも、本物は存在します。中学生だったら中学生、高校生だったら高校生です。

本校の吹奏学部は、全日本吹奏楽コンクールで金賞を受賞した東京の中学校と合同練習会を行っていました。この取組はとても参考になりました。合同練習の翌日、吹奏楽部の子どもの日記には「同じ中学生でも意識が全然違っていた」と書かれており、心に火がついたかのように練習に励んでいました。

美術部が作品展を見に行くのも同じことだと思います。私は美術に疎いのですが、やはり美術館で見た絵は心に残ります。なにも大きな美術館でなくとも、近くにある美術館に何度も足を運んでいれば本物を見つけられると思います。

思春期の子どもたちは、憧れを求めます。その憧れを本物の中から見つけてほしい。これが私の考えです。はっきりとした憧れがあれば、その憧れに向かって努力していくのは苦にならないからです。

まとめ

- さまざまな工夫をして本物に触れる機会を与える
- 思春期特有の憧れを、本物の中に求めさせる

ルール
25
部活動外の時間をつくってみる

現在、学校で実用英語技能検定や日本漢字能力検定などを受検する機会があります。

私のチームでは、積極的に受検するようにすすめていますので、活動計画で検定の連絡をしたり、子どもたちが安心して受検できるように活動日程を調整したりしています。

私は、これを当たり前のことだと思っていましたが、そうではないようです。

他のチームから練習試合の申し込みがあった時に、「すみません。その日、子どもたち英検なんです」とお断りすると、「そこまでするのですか」と驚かれたことがありました。

中学生の時期に、多くの経験をしていくことは心の発達、社会性を伸ばしていくことにつながります。

多くの経験とは部活動のことだけではないはずです。週休二日になり、子どもたちは部活動以外のことにも挑戦できるようになりました。検定等に挑戦することは、その一つだと思っています。

それに子どもたちにとって、資格は努力の証であり、自信にもつながっていきます。以前、子どもたちにサッカー審判員の資格に挑戦させたことがありました。その時、練習はもちろん休みにしました。「審判の資格をとるより、練習や試合をした方がいい」と思われる方もいらっしゃると思います。

しかし、ルールを学んでいく、審判の仕方がわかることが競技力向上につながることもあると思いますし、審判の資格が本当の審判へのリスペクトにつながるとも思うのです。

部活動外の時間といえば、地域のゴミ拾いにも参加したことがあります。

地域のゴミ拾いには、野球部と参加しました。

初めての経験でしたので、最初は何をすればよいのかとまどっていましたが、地域の方と話をしながら作業することで、あらためて学校は地域に支えられているのだと実感しました。

子どもたちはというと、「中学生がきてくれて助かる」と言われてはりきったのか、捨てられていたタイヤや冷蔵庫といった物まで拾ってきてくれました。

また、**駅前でのあいさつ運動にも参加**したことがあります。他の部と一緒に駅前であいさつ運動をしたのですが、元気なあいさつが飛び交っていました。

普段、子どもたちは仕事に向かう親の姿を知りません。朝の早い時間に、急ぎ足で仕事に向かう大人の姿を見て、親の大変さを感じたことでしょう。また、地域の方から寄せられたお礼の言葉によって、心が一つ成長したと思います。

このように、**部活動外の時間をつくり、工夫することによって、子どもたちに刺激を与えられるのが部活動のよさ**です。

私の学校では吹奏楽部や剣道部、バレーボール部など、バーベキューをやっている部もあります。さすがは部活動で日々協力することの大切さを鍛えられているだけあって、食材を準備し、調理して食べ、片づけまでを手際よく行います。その表情を見ていると、本当に楽しそうです。私の部では一度もやったことがないので、いつかはやりたいと思いました。大人の手を借りずに自分たちだけでやっていく経験は、間違いなく子どもたちを大人に近づけていくと思います。

私は毎年、部活動外の企画を考えています。

ある年から始まったのが夏休みの練習後のプールでのクールダウンです。茨城県の場合、多くの学校が六月から七月中旬までの期間しかプールは稼働しません。これはとてももったいないことだと思い、子どものリフレッシュも兼ねて、夏休み期間もプールを稼働させています。子どもたちも「練習が終わればプールだ！」と思っているので、暑い夏でも最後まで練習を頑張ってやり抜いています。

私の学校では、プールでのクールダウン後に学習会を設定している部もあり、先生方の熱心さ、面倒見のよさに刺激を受けています。

さて、これまで紹介したことは教員側のしかけによる部活動外の時間でしたが、**子ども自身が部活動外の時間をどうするかも大切なこと**だと思います。映画を見に行く子もいれば、買い物に出かける子もいるし、彼女・彼氏とデートする子もいるはずです。

子どもたちの学校外の生活まで管理はできないし、するべきではないと思いますが、**子ども自身が考えるような機会を設定することも大事だ**と思います。きっと多くの先生方がやっていらっしゃると思います。それを継続し、刺激を与え続けることで子どもは部活動外の過ごし方をより考えていくと思います。

まとめ

- 部活動外のしかけをすることでさまざまな経験をさせる
- 子ども自身が部活動外の時間の過ごし方を考える機会を設定する

4章

技術指導のルール

ルール

26

真の技術は本当の努力で身につく

時々、「技術ばかり伸ばしても部活動では意味がない」という言葉を耳にします。たしかに技術を伸ばす前に、「あいさつができる」「物を大切に扱う」といった根本的な生活に目を向けるべきだと思いますが、技術は悪者ではありません。

私は、**真の技術は真剣な練習でしか身につかない**と思っています。

試合前の両チームが、グラウンドを半分ずつ使用してウォーミングアップや練習をしている姿を見ます。練習している内容は、両チームとも変わりません。二人組でパス練習をしたり、シュート練習をしたりしています。

圧倒的に違ってくるのは、**「こだわり」**です。

何も考えずに練習しているチームと、一つ一つの練習を大切にしているチームでは、いつの間にか大きな差が生じます。

青森県の冬は、グラウンドが雪で覆われてしまうため、室内で練習することになります。

室内での練習といっても体育館を使える日は限られており、職員室前のホールを使って練習することもありました。その時の練習は、コーンを並べてドリブルするなど、本当に基本的なものばかりなので、子どもたちは飽きてきます。

しかし、本当に上手になっていく子どもは飽きずに黙々とやっています。

上手だから飽きないのかもしれませんが、上手になっていく子どもは「こうなりたい！」という意志が練習から伝わってくるようになります。

上手になりたいから、誰よりも練習するし、人を馬鹿にすることもありません。他に矢印が向くのではなく、自分に矢印を向けているような感じです。

「うまい人ほど努力する」という言葉を常々子どもたちに語ります。自分でうまいと思っている人は、相手のレベルが上がれば通用しなくなります。

真剣な練習で技術を伸ばす子どもほど、人間性も伸びてくるような気がします。それこそが、本当の技術なのではないでしょうか。

まとめ

・技術と人間性がセットで伸びてこそ、本当の上達になる

ルール

27

身体のベースとなる食事にこだわる

他のチームや選手との差を縮めるためには、細部にこだわる必要があると思います。

その中でも、私は子どもたちの食事に対してこだわりがあります。

実は、私は甘いものが大好きで、運動選手としては食事に対する意識がものすごく低かったと思います。小学校から大学までサッカー部に所属してプレーしましたが、もし、自分が成長期の中学生の時に、食事にこだわっていたらもう少し違ったプレーができたのではないかと思ったことが何度もありました。

そこで、現在は**食事について、栄養教諭による食育指導**を行っています。

中学生の時期は、個人差はありますが、身体が大きくなる時期です。だからこそ、子どもたちには考えて食べてほしいと思っています。

食育指導は年に一～二回、子どもたちを対象に行っています。主に夏休みに行っていますが、可能であれば年度当初に行うのがよいと思います。

さすがは専門家の栄養教諭の話なので、子どもたちは真剣に話を聞いていました。すぐに効果はあらわれました。まず、休日練習や試合の間に、補食をとるようになりました。以前は手軽で甘い菓子パンを持ってくる子どもが多かったのですが、栄養教諭の指導によって現在はおにぎりが主となっているようです。

また、給食を残す子どもも少なくなってきています。**「食事で苦手をつくらない」**という栄養教諭のアドバイスを受け止め、残さず食べるようになってきました。やはり、心と体は関係しているのか、ねばり強く部活動に取り組むようになってきています。

ただし、**食事については保護者の協力が必要不可欠**です。家庭の事情もさまざまです。こちらの理想ばかり伝えても難しいので、例えば、おなかがすいた時に、コンビニで何を選べばよいのかといった情報を子どもや保護者に伝えるようにするなど、できる範囲で保護者の協力を得るようにしています。

まとめ

- 食事といった細部にこだわる
- 栄養教諭といった専門家を活用する

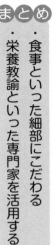

ルール
28
まずは自分でやってみる

技術指導で大切なのは、教員自らもやってみることだと思います。

サッカーの指導者講習会では、指導者が選手役になってプレーする機会があります。私は小学校の頃からサッカーをやっていたので、進んで選手役をやります。**実際にプレーすることで選手目線になることができますし、自分だったらこう伝えるかなという指導者目線でも考えることができます。**

各学校や研修で行われている模擬授業研修と同じです。自分がやってみるというのは、指導者講習会という場だけではありません。ビデオやインターネットで動画を見て、子どもたちに伝える時でも、まずは自分自身がやってみることにしています。

例えば、体育の授業のソフトボールでキャッチボールをする際、ボールの握り方や投げる際の肘の使い方など、動画を見た後に自分自身でもやってみたことがあります。そうすると、動画だけでは気がつかない二人の距離感や目線などに気がつくことができました。

子どもたちにも動画を見せる場合がありますが、ただ見せるよりも、**教員自身が体感している方がよりうまく伝わる**と思います。

この重要性を感じたのは、運動会で行うダンスの時でした。一度自分が踊ったことがあるダンスは、指導時間は短くても、立派なダンスになりました。

それに対し、自分が一度も踊ったことがないダンスは、いくら指導しても、メリハリのないダンスになってしまいました。

私自身が指導のポイントをつかめていなかったことを痛感したのです。特に、学年が下がれば下がるほど、動画よりも実際にやってみせた方がいいと思います。

何事においても、上級者の方が多くのことに気がつきますし、気がついたことを、わかりやすく相手に伝えることもできます。上級者の域に達するのは難しいですが、自分でやってみるのが第一歩だと思います。

まとめ

- 自分でやってみることで目線を変える
- 自分がやっていれば、指導のポイントをつかめる

ルール

29

伝え方を工夫する

指導者の仕事は、「伝える」ことだと思っています。

これは教員として教壇に立つ時も、顧問としてピッチに立つ時も同じです。

多くのチームの練習や試合を見ていると、優れたチームには必ず優れた指導者が存在します。そして、優れた指導者ほど伝え方が的確です。

私は試合では、自分のチームや相手チームの状態も気になりますが、それ以上に相手チームの指導者の言葉が気になります。

衝撃的だったのは、つくば市にあるＴＲＡＵＭ ＳＶというクラブチームと対戦した時でした。技術的にも圧倒されたのですが、ボールをもらうために「隠れない」「味方と線を引く」といった指導者の表現力に圧倒されました。そして、指導者は言葉にこだわらなければならないと痛感しました。すぐに、ＴＲＡＵＭ ＳＶの指導者の方と連絡をとり、これまでにたくさんのことを教えていただきました。

また、私は練習試合では、**率先して審判をやる**ようにしています。審判をやることによって、相手チームの指導者の言葉を近くで聞くことができるからです。

中には、あえて何も言わない指導者もいます。

試合中は何も言わない指導者が、ハーフタイムに一言だけ言うのです。その一言で、チームがガラリと変わったのを目にしました。

何も言わないからこそ、その一言のインパクトが大きくなるのです。

現在、伝え方はさらに工夫されています。

例えば、練習や試合の姿をタブレットで撮影し、即座に子どもにフィードバックしているチームもあります。これも参考になりました。自分の姿を自分の目で見ることはできません。画像や動画など視覚的な伝え方も効果があると思います。

ぜひ、優れたチームと試合や交流をしてみてください。

まとめ

- 指導者は言葉にこだわる
- 何も言わないからこそ伝わる場合がある

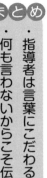

ルール

30

得意なことを伸ばす

中学校で部活動に熱中できる期間は本当に短いです。この前入学してきた子どもたちがあっという間に卒業の時期を迎えてしまいます。その短い期間に、子どもたち一人一人を伸ばすのが私たちの役目なので、まずは**得意なことを伸ばす**ようにしています。

サッカーであれば、パスを出してゲームをつくっていくのが好きな子もいれば、ドリブルが好きで相手を突破できる子もいます。

サッカーも仕事も、まずは**その人が得意なことを生かせるような環境をつくってあげる**ことが大事だと思います。

例えば、教員でも、コンピュータが得意な教員はコンピュータを生かした授業づくりをさせた方がよいでしょう。仕事に抜けがない教員がいれば、それを生かして最終チェックという重要な役目を与えた方がよいでしょう。

逆に、苦手なことばかりやらせていたらどうでしょうか。もちろん、課題克服は大切ですが、その前に自信を失ってしまうでしょう。部活動でも同じです。

まずは、何が得意なのかを見極めて、それを生かせる環境をつくってあげることができれば、個人としてもチームとしても走り出すことができると思います。

公立中学校の部活動には子どもを選抜するセレクションはありません。中学校から部活動で本格的に始める子どももいます。うちのチームにもいますが、そのような子どもでもいきなり試合に出場させます。右も左もわからなくても試合をこなすことで、私も子ども自身も得意なことを見つけ出せるからです。

また、私は**プレー面での得意なことを見ると同時に、性格面も見ていきます。**最終的に性格がプレーやポジションに影響を与えるからです。忘れてはならないのは、基本が土台にあり、その上に個性があるということです。基本を疎かにしてはいけないのは全てに共通することです。

まとめ

- 得意なことを伸ばすことで子どもたちを走らせる
- プレー面だけでなく性格面も見る

ルール

31

自分の言葉で言わせる

優れた指導者ほど、動きを細分化して伝えることができると思っています。

これは授業でも言えることで、同じ授業場面を見ていても優れた教師の方が細かい点に気づいて指摘することができます。

技術指導において、動きを細分化して伝えるのは指導者の役目です。そして動きのコツやポイントを選手自身が実感し、頭で整理しなければなりません。

例えば、キック一つとっても、理想の蹴り方のフォームはありますが、子どもたち一人一人の身体は異なります。もちろん、写真や動画を使っての説明はします。しかし、理想のフォームにこだわってばかりで、目的である正確に強いボールを蹴ることを見失うことがないように注意しています。

さて、そうやって練習をしていると、コツをつかめる子どもが出てきます。**その子どもに対して、「今どうやってやった?」と聞いて自分の言葉で言わせるようにしています。**

「かかとのあたりで蹴った」と言う子どももいれば、「ボールの真ん中の点だけ見た」と言う子どももいます。コツの捉え方を全員で一致させる必要はありません。**子どもたち一人一人が自分なりの解釈で捉えることができれば技術は伸びていきます。**

コツを子ども自身がつかめれば、その子どもが他の子どもたちに伝えるようになっていきます。私のチームの場合、自主練習の時間があるので、その時間に子どもたち同士で教え合っている姿を目にします。吹奏楽部で言うパート練習のようなものでしょうか。

身体感覚は人によってさまざまです。だからこそ、**子ども自身に言わせることで、頭の中で整理すると同時に技術を認識させることを繰り返していく必要がある**と思っています。

認識という部分で、日本人は他の国の人よりも優れていると言われています。これはあらゆる分野で技術を伸ばしてきたことが証明しています。認識させるよさを生かしていけば、子どもたちの可能性はもっと広がるはずです。

まとめ

- 目的を見失わず、子ども自身の言葉で言わせて整理させる
- コツをつかめれば、子どもたち同士で教え合うことができる

ルール

32

他の部活動の動き・取組を参考にする

私は保健体育科の教員なので、いつも学習した動きを他の種目に応用できないかと考えています。

例えば、サッカーで対面パスを行う際、「地面をつかむな」と言っています。これは、パスを受ける前に、小さくジャンプしてステップを踏む動きです。この動きは、いつもグラウンドの隣で練習している野球部のキャッチボールの動きを参考にしました。

野球部のキャッチボールを観察していると、とって素早く投げるために、小さくジャンプしてステップを踏む動きがありました。これはサッカーでも同じではないかと思い、子どもたちには「ボールをもらう前に小さくジャンプした方がいい」と伝えています。

他には、同じゴール型スポーツのバスケットボールやハンドボールも参考になります。

実際、ハンドボールの試合前のウォーミングアップを練習に取り入れています。

また、バスケットボールのスローインの動き方はサッカーでも使えると思い、いくつか紹介したこともあります。

参考になるのは、運動部だけではありません。文化部も参考になります。現在、私たちサッカー部は、地域のゴミ拾いやあいさつ運動に参加しています。そのきっかけとなったのが吹奏楽部です。守谷中学校の吹奏楽部は、各コンクールで活躍するだけでなく、地域貢献にも積極的です。学校現場では「地域とのつながりを大切に」と言いますが、吹奏楽部のように自分たちからアクションを起こしていかなければ、地域とつながることはできません。それを教えてくれたのが吹奏楽部でした。

また、守谷中学校の美術部の部訓は「創造的な作品は創造的な雰囲気から生まれる。だから皆で描く」です。この言葉のインパクトがすごいなあと思いました。本来、美術部は個々の活動がベースとなるのに、そこに集団の意識をもたせて活動するのです。その意識の高さが、全国中学校美術部作品展に毎年入選する秘訣なのだと思いました。

別の部活動から学ぶことができるのも、部活動ならではのよさなのかもしれません。

まとめ

・他の部活動の動き・取組を観察してみる

ルール
33
試合や大会に近づける

日本サッカー協会から「中学校部活動サッカー指導の手引き」というものが出されています。その中に練習方法がいくつも示されており、「毎日の練習は必ずゲームが含まれるようにします」と書かれています。「本番を想定する」ということは、サッカーに限らず、どの部活動でも大切だと思います。

二十代の頃の私は研修会等で勉強したことと、そっくりそのまま同じことを練習でやっていました。時には、必要以上にサッカーを難しくしてしまっていたと思います。

やはり、サッカーそのものを楽しむには試合です。

試合や大会に近づけてやるのが、効果的な練習だと思います。

だからといって、ただ試合をたくさんやればよいというわけではありません。

試合の中で見つかった課題を練習で克服することが必要となります。

例えば、試合中ボールを投げ入れるスローインが課題だったら、スローインから始まる試合形式での練習を行いますし、サイドからのクロスボールが課題だったら、その場面が繰り返されるような試合形式での練習を行います。

また、**試合の中で発揮してほしい技術があれば、その場面を再現して、「こんな技術も使えるでしょ」「こういうこともできるよね」という選択肢を与える**ようにしています。

専門ではありませんが、野球部での練習はとても勉強になりました。ランナーやアウトカウント、イニング数など、**具体的な場面を設定して練習する**のです。野球ならではの練習かもしれませんが、ずっとサッカーばかりやってきた私にとってはとても新鮮でした。野球で教わったことを現在はサッカーでも生かすようにしています。

また、吹奏楽部の練習を見ると、会場の大きさを意識してテープを貼ったり、時間をはかったりして演奏していました。秒単位までこだわって、何度も練習するからこそ、本番ですばらしい演奏ができるのだと実感しました。

まとめ

- 試合や大会に近づけるのが効果的な練習である
- 具体的な場面を設定するとともに、習得した技術を発揮させるようにする

ルール
34
ライバルを大切にする

守谷市内には四つの中学校があります。私は守谷市内の中学校のレベルアップを図りたいと考え、冬に大会を開くことにしました。近くの人工芝のグラウンドを借り、県内の強豪チームを呼んで行った大会は、とても有意義なものとなりました。

その大会に参加した守谷市内の御所ケ丘中学校サッカー部は、二〇一八年の夏の総体で、全国大会出場と全国ベスト8をはたしました。公立の中学校で全国のベスト8になったのは、御所ケ丘中学校だけでした。

この年は、「御所ケ丘中学校に勝つ」という気持ちで、練習や試合に励みました。

結局、夏の総体ではよい成績を残せませんでしたが、地方大会で優勝したり、リーグ戦で二部に昇格したりと、総合的にみるとすばらしい一年になりました。もし、私が自分のチームのことだけを考えていたら、きっと自分たちの成長はなかったと思います。

ライバルは部活動だけでなく、勉強でも仕事でも何事においても成長させてくれる必要

不可欠な存在です。

私は「負けたくないから」といって、相手を批判したり、自分たちだけが得をしたりするような考え方は好みません。

ライバルとは練習試合をこなし、部活動についての情報交換を行います。時には、作戦や戦術、部活動運営の工夫なども話します。**勝負師としては大変甘いと思いますが、チームや選手、そして私自身が常に進化・成長したいです。もし、対策を練られたら、さらにその先を進みたいと思っています。**

考えてみますと、私のせいでしょうか、守谷中学校サッカー部にはライバルがたくさん存在します。子どもたちにとってはありがた迷惑でしかありませんが……。

私はライバルと競い合うと同時に、ライバルがやっていることをたくさん真似してきました。まずは近くのライバルを大切にしてみてはいかがでしょうか。

まとめ

- ライバルは自分を成長させてくれる存在
- ライバルより一歩先を進む気持ちをもつ

ルール

35 専門家の力を借りる

子どもたちの可能性を伸ばしたり広げたりするために、専門家の力を借りるようにしています。

その一つに、**子どもたちをクラブチームの練習に参加させる**ことがあります。

クラブチームではスクール形式の練習やイベントを行っています。私は中体連のチームだけでなく、クラブチームの指導者とも交流を深めていますので、クラブチームの方から連絡をいただくこともあります。その情報を保護者や子どもたちに伝えています。

他のチームの指導者には「選手がそのチームに奪われそう」「よく行かせられますね」と驚かれます。

私は、もし選手たちがクラブチームの練習に参加して、そこでプレーしたいと望むのであれば、かまわないと思います。選手は、顧問のものではありません。

高いレベルで挑戦したいのであれば、高いレベルでやった方がいいにきまっています。

もちろん、その逆で、クラブチームより中体連でやりたいと望むのであれば、いつでも門戸を開いています。

専門家の力を借りる方法の一つに、クラブチームのコーチに練習を見てもらうことがあります。

子どもたちがうまくなるためには、「継続」と「刺激」の両方が必要だと書きました。日々の練習で刺激を与えることは大切ですが、時には異なる環境で刺激を与えたいと思ったのが始めたきっかけでした。

また、子どもたちには多くの人と関わることで成長してほしいと思っています。子どもたちの可能性は、いつ、どこで、どのように開花するかわかりません。そのため、前向きに取り組める、挑戦できる環境にするためにはどうしたらよいか、日々考えています。

まとめ

- 部活動の練習以外で力を伸ばせる場を与える
- 顧問以外の専門的な指導者との関わりも大切にする

5章

保護者・外部人材との連携ルール

ルール

36

顧問はいつか異動すると自覚する

「部活動は顧問によって変わってくる」という事実があります。教員の人事異動によってチームがガラリと変わってしまうケースを目にしてきました。よい方向に進めばよいのですが、弱体化、部員の減少、存続できなくなってしまった部活動もあります。

私は、「いつか自分は異動する」という自覚をもって部活動の指導を行っています。四月の部活動の保護者会でも、そのことを保護者に話しています。

私が考える自覚とは、**自分が異動していなくなっても、持続可能な部活動にしておく**という意味です。

そのために、自分がいるうちに必要な人的・物的体制を整えておくつもりでいます。

人的体制は部活動指導員や外部指導者のスタッフ、保護者との連携・協力体制の構築であり、物的体制はユニフォームからボールといった練習用具まで整えておくことです。

また、次の顧問への引き継ぎもしっかり進めなくてはなりません。

校内の教員へ引き継ぐのであれば、顔を合わせて話すことができます。

新たに異動してくる教員であれば、文書等でやったこととやっていないこと、できていないことを明確にして引き継ぐ必要があります。

当然、電話等で連絡をとり合うことも必要になるでしょう。

顧問同士の引き継ぎは大人同士のやりとりなので大丈夫かと思いますが、子どもの情報については言葉だけではなかなか難しいかもしれません。

そこで、私はさまざまなチームと練習試合をすることにしています。もしかしたら、練習試合の相手チームの顧問が異動してくるかもしれません。

また、外部指導者にチームを指揮してもらうようにもしています。そうすることで、自分が異動した後、外部指導者を通して、次の顧問へ引き継げると思っています。

学校現場では「チーム学校」の重要性が問われています。部活動も同じで、外部指導者や保護者との連携・協力によって、本当のチームとしての力量が試されています。

まとめ

・異動するという自覚をもって、人的・物的体制を整えておく

ルール
37
保護者に協力を依頼する

多くの学校で、年度当初に部活動に関する保護者への説明会があると思います。私は、その場で「守谷中学校サッカー部の現在の立ち位置と将来への展望」というA４一枚の用紙を配付しています。その用紙には、これまでの成果と今後の取組が書かれており、保護者にお願いしている点もあります。

例えば、写真にあるようなゴールポストのペンキ塗りです。これまでは、顧問が行っていましたが、人手がたりず、ただゴールポストを白く塗るだけで終わっていました。しばらくすると、せっかく塗ったペンキははがれ落ちてしまい、あっという間に元通りになっていました。そこで、ゴールポストのペンキ塗りを保護者に依頼したところ、錆をきれいに落としてからペ

ンキを塗ってくださいました。

また、グラウンドの除草作業も保護者が行ってくださいました。これまでは私があいた時間に草刈りを行っていましたが、どうしても人手がたりず、草が伸びたままになり、練習後に時々ボールを探すことがありました。暗くなってしまうと、ボールが見つからないこともありましたが、保護者が除草作業をしてくれたおかげで、ボールを探す時間が短縮されました。

保護者が作業をしている日、別会場で練習試合を行っていた子どもたちが駆けつけ、ゴールポストのペンキ塗りや除草作業を手伝ってくれました。保護者と子どもが一緒になって、自分たちの練習環境をつくりあげた瞬間でした。

保護者の力を借りることで、これまで要していた時間が必要なくなり、その分指導に専念できるはずです。一度、保護者に相談してみるとよいと思います。

まとめ

・保護者の力を借りることで指導に専念できる

ルール 38 自分の○○だけよければよいという考えはもたせない

ここ数年心がけていることとして、自分の学級だけ、自分の学年だけ、そして自分の部だけがよければよいという考えをもたないようにしてきました。**学校全体がよくならなければ、自分のチームが強くなることは絶対にありません。**もちろん、部活動がきっかけとなることはあるでしょうが、**だからといって自分の部だけに固執していては強くなることはできません。**

このような考えは、保護者にも伝えています。

公立の中学校ですから、その年によって部員の数や質は異なります。部員数が多く、身体能力にも恵まれた学年もあれば、人数が少なく厳しい学年もあるでしょう。

「自分の学年の時だけよければよい」という保護者もいます。熱心な保護者は、保護者が主導して、応援Tシャツやタオルをつくっています。私は毎年つくるのであれば賛成ですが、そうでなければつくる必要はないと思っています。実際、多くのチームを見ていると、その年限りであり、翌年は何もないのが現状です。

幸い、現在の守谷中学校サッカー部は協力的な保護者ばかりですが、間違った方向に熱心な保護者はいません。負けても拍手をしてくれます。そして、ありがたいことに、次の学年や卒業した後のことまで考えてくれる保護者ばかりです。

だからかもしれませんが、私のチームはＯＢがスタッフとしてチームを支えてくれます。卒業生も気軽に練習に参加します。

ある時、外部からコーチを呼んで、「皆でサッカーを楽しもう」と呼びかけたら、本当に多くのＯＢや小学生までが参加してくれました。その姿を見て、私はこのチームの顧問でよかったと心底思いました。

私たち教員には異動があります。しかし、保護者や子どもたちはその地域で生活をしていきます。私がいなくなっても、その時、学校の部活動を支えてくれるのは保護者や子どもたちなのだと信じています。

まとめ

・自分の○○だけに固執しないように保護者に伝える

ルール

39

必要な人材について学校側から発信する

下の写真はある大会後の様子です。後ろには顧問を含め、外部指導者の姿が映っています。

現在、私のチームには部活動指導員を含めて、外部の指導者が三名います。公立の中学校では多い方ではないかと思いますが、外部の指導者が集まったのは、ここ一年間でした。

私は四月の保護者会で何度も外部指導者の必要性を呼びかけてきました。また、ＯＢに会えば「手伝ってくれないか」と声をかけたり、クラブチームの方から大学生を紹介してもらえないかと尋ねたりしてきました。それでも、見つからない時は見つからないもので、長い間、顧問だけでやっていました。先ほども書きましたが、私たち公立の教員には異動があります。異

動してから外部の指導者を見つけているようでは、チームは不安定になります。自分が異動した後も、**円滑に部活動を運営するためには、学校や地域の実情を理解してくれている人がよい**と思っていました。

そこで、保護者や地域に必要な人材をこちらから発信し続けたことで、保護者も関心をもってくれました。そして、保護者のネットワークをきっかけに実を結んだ形となりました。必要な外部の人材が見つかれば、今度は新たな課題も出てきます。例えば、活動日数や連絡システム、謝金など解決しなければならない点はあります。そのような場合、他の学校やクラブに聞くことで解決できることが多いです。

指導者を確保するまでは大変ですが、絶対にいた方がよいと思います。「指導者がいてくれるというのは、ある意味保険と同じですね」と保護者が語っていました。まさにその通りだと思います。

まとめ

・学校側から発信し続けることが保護者の関心につながる

ルール

40

外部指導者を積極的に活用する

私は外部指導者を活用するようになって、本当によかったと思っています。それは、**子どもたちと私の間に、クッションができた**からです。

私のチームの外部指導者は若いこともあってか、子どもたちと一緒に行動してくれます。試合前にあいた時間があれば、子どもたちと一緒になってボールを蹴って楽しんでいますし、荷物の整理整頓も率先して声をかけてくれます。子どもたちも兄のように慕っており、悩みがあると相談しています。

外部指導者がいなかった時は、そのような時間や空間はありませんでした。

その当時と比べると、**明らかに私の負担は軽くなり、私自身の子どもに対する声かけや接し方も変わってきた**ように思います。

私の学校や他の学校の部活動における外部指導者の課題を聞くと、「生徒指導面での不安」を耳にします。

たしかに、その部分は私たち教員と違って課題はあるかもしれません。

しかし、**外部指導者も部活動の大切な仲間であり、共に成長していけばよい**と思うのです。それに、現在の若い人たちは自分たちの頃と比べると、とても真面目であり、責任感もあります。高校まで部活動で鍛え上げた技術、精神面はすばらしいものがあります。

試合中のハーフタイムに、外部指導者に「あの選手にこのことを伝えてくれ」と言うと、外部指導者は一人一人の子どもに助言をしています。時にはピッチに連れていき、わかりやすく説明しています。そして、最後に、子どもたちに笑顔で声をかけてくれたり、背中をポンとたたいて励ましてくれたりしています。また、練習中には「あの子どものここを伸ばしてほしい」と個別の強化をお願いしています。

私たち教員は、外部指導者の専門性を頼りにしてお願いしたはずです。そうであるならば、**外部指導者の強みを生かし、責任と活躍の場を与えることが大事**だと思います。そして、互いにフォローしていけば相乗効果で、チームは間違いなくよくなっていくはずです。

まとめ

・外部指導者の強みを生かし、責任と活躍の場を与える

ルール

41

相談することでチームの力を伸ばす

人生は大きなものから小さなものまで決断の連続です。部活動でも、決断の連続です。わかりやすいのは、先発メンバーの決定や選手交代といった選手起用です。

選手起用は監督である私が責任をもって決めるものだと思いますが、**私は選手起用について、他の顧問の先生や外部指導者に一度相談します。**

私が相談する理由は、他の顧問の先生や外部指導者の意見を聞いてから決めたいからではありません。**私が相談することで、他の顧問の先生や外部指導者の力をさらに伸ばしていきたいという考えがあります。**

上から目線のような書き方になっていますが、私も若い頃、選手起用について、尊敬する先生から相談されることがありました。実績十分で勝負強いその先生の頭の中にはぶれない確固たる考えがあったにもかかわらず、私に相談してくれたことで、私の自信とやる気につながりました。

今度は、私がその先生のように、若い指導者を伸ばしていく年になったと思うのです。ただ、私の若い頃と違って、他の顧問の先生や外部指導者はとても優秀です。皆、的確な意見を言ってくれます。その意見に耳を傾けることで、最終的に迷うことなく選手起用をすることができています。伸ばすつもりが伸ばされているのは私かもしれません。

相談する時、もう一人の顧問の先生には「あえて私の考えを否定してくれ」とお願いしています。脳には、自己保存という働きがあります。脳が自己保存にこだわりすぎると、正しい判断や新しい発想が生まれてこないというデメリットがあるのです。それを避けるためにも、他の顧問の先生には反対の意見を言ってもらうようにしています。その先生のおかげで、あらゆるリスクを考慮したうえで決断することができました。そのおかげで、チームも成長できていると思います。皆さんの学校や職場には反対意見を言ってくれる方はいるでしょうか。もしいるとしたら、とても貴重な存在だと私は思います。

まとめ

- 相談することで、他の顧問の先生や外部指導者の力を伸ばす
- 否定されることで、正しい判断や新しい発想につなげる

ルール

42

部活動のきまりを周知する

私たち教員にとって、**新年度の最初の三日間はとても重要**と言われています。この最初の三日間で学級をきちんと組み立てられるかどうかで、その後の一年間が決まると言われています。

特に、きまりを決めなくてはなりません。そして、そのきまりを確実に全員のものにしなければなりません。

これは部活動でも同じです。部活動の場合は、四月の時点で子どもたちにはもちろん、保護者にもきまりを伝える必要があります。

部活動のきまりを保護者にも確実に伝えることで、部活動で生じる子どもたちのトラブルを防いだり減らしたりすることができるようになります。

ある年の市内総体で、あるチームの野球部員が自動販売機でジュースを買ったという情報を耳にしました。自動販売機でジュースを買うことは部活動のきまりで認められていません。当然、その子どもは指導されたそうです。

しかし、よくよく話を聞くと、その子どもは総体の少し前に、野球のクラブチームから入部したそうで、そのようなきまりがあるのを知らなかったそうです。

もし、保護者も含めて、部活動のきまりを周知徹底できていたら、そのようなトラブルは起きなかったと思います。

そこで、私は、四月の保護者説明会だけでなく、練習計画や試合日程の連絡の際にも、その都度きまりを知らせるようにしています。気になったことがあれば、すぐに保護者にメールできまりを再確認するようにしています。

きまりといえば、「荒れている学校ほどきまりが曖昧」と言われています。

私自身も生徒指導主事として反省・改善すべき点があります。

今一度、自分のチームや部活動のきまりを再点検してみてはいかがでしょうか。

もしかすると、たった一つのきまりを明確にすることで大きく変わるかもしれません。

まとめ

・保護者にもきまりを知らせることがトラブルを減らすことにつながる

ルール 43 保護者と一定の距離感を保つ

チームを強くしていくためには、子どもたちを平等に扱うことが大切ですが、**保護者とも一定の距離感を保つ必要があります。**子どもや保護者と接する時に、**最も気をつけなければならないのが「私情」**です。

例えば、子どもの機嫌をとるような発言、子どもがふてくされていると何度も話しかけてなんとか機嫌をよくしてもらおうと顔色をうかがうといった子どもに「媚びる」ことは、してもいいことは何一つありません。

また、同じ言動であっても子どもによって指導が違っていたり、反抗してくる子どもに甘くなったりする「ぶれる」こともよくありません。

つまり、**私情をもち込んでしまうと、正しいと思うことを正しく瞬時に判断することができなくなる**のです。

例えばサッカーで同じミスをした時に、一人の選手には注意するのに、もう一人の選手には何も言わないとします。そうすると、選手たちの中で、何がよいプレーで、何が悪いプレーなのかという基準が曖昧になります。指導者が人によって言葉を変えていたら、子どもたちは不平不満が募るばかりでしょう。

そのため、私は保護者との関係にも一定の距離を置いています。

私も人間なので、さまざまな面で協力してくれる保護者が試合に応援にくると、その子どもを試合に出さなくてはと考えてしまいます。

しかし、協力したくても仕事や家庭の事情でできない保護者もいるはずです。中には、こちらに余計な負担はかけたくないと考え、隅でこっそり応援している保護者もいます。

初任の頃、尊敬する先生が「子どもをかわいそうと思ってはいけない」と言った時、「なんて冷たい」と感じましたが、これも「私情」をもち込まない、振り回されないという意味なのだと思いました。私たちがやるべきことは保護者にリップサービスすることではなく、しっかりと子どもの力を伸ばすことです。

まとめ

・子ども、保護者と一定の距離感を保つことが正しい判断につながる

ルール
44
保護者に支えられて動く

私はこれまで意図的に保護者を味方にしようと思ったことはありませんが、たくさんの保護者がサポーターとなってくれました。保護者の応援を受け、協力を得ることで成し遂げられたことも数多くありました。

間違いなく、私は保護者に支えられて動いてきたと思います。

四月に行われる年度当初の学級懇談会や保護者会は、保護者との関係づくりのうえで極めて重要な場となりますが、部活動も同じです。

保護者会がなぜ重要な場となるのか、それは**教師（顧問）の熱を自らの言葉で伝えられる場**だからです。つまり、**保護者会は所信表明の場**になると思っています。

それをしなければ、保護者の想像する顧問の姿は、わが子や別の保護者の内輪話によってのみ規定されることになり、時には正しいはずのことが正しくない方向に行ってしまうことがあります。これは恐ろしいことです。

先ほども書きましたが、「守谷中学校サッカー部の現在の立ち位置と将来への展望」というＡ４一枚の用紙を配付しました。これまでの成果と今後の取組が書かれており、その中で、保護者にお願いしている点もあります。また、ある年は「今年一年の取組が今後十年の活動を左右する」と言って、スライドを用いながら話したこともあります。

　人は価値あるところに出向くものです。もし保護者会の参加率が低いのであれば、今一度、こちらの姿勢を顧みるべきだと思います。

2018年度守谷市立守谷中学校サッカー部の現在の立ち位置と将来への展望

【選手・生徒】

　自主練に励み，先輩が範を示すのが守谷中サッカー部のモットー。現在の選手たちも高い意識で取り組んでいる。ただ，残念なことに，総体が終わると，まったくといっていいほど運動しなくなる。週一回一時間でいいから，体を動かしてほしい。

　学校生活ではリーダーとして活躍する生徒が増えてきた。食が細いのが気になる。


【育成面】
①部活動指導員の導入（コーチ）
○プレーの実演をしてくれることで選手のレベルアップ
▲持続可能な状態→金額，人材確保，あるいは地域クラブとの連携
②選手数の増加
○高い意欲で練習に臨むことができる
▲試合数が限られる→マッチメイクの工夫，スタッフの増員
③保護者，学校のバックアップ
○ビデオ撮影，食育指導など顧問の負担が減り，指導に専念できるようになった
▲選手のコンディショニング
　→接骨院や整骨院など地域，看護師である保護者との連携・協力

【環境面】
①常総運動公園の使用
○技術，判断力の向上，バス代の大幅な減額
▲会場予約の手間
　→保護者に一部お願いできないか
②サッカーゴールの増加
　（新ポスト，ミニゴール）
○ハーフコートやミニゲームによる効果
▲古いポストの老朽化
　→ペンキ塗りができないか
③学校側のおかげで真砂土が増加
○水はけがものすごくよくなった
▲草が伸びることでボールが見えにくくなる
　→保護者で除草作業ができないか

〈2018年度の取組〉
①保護者の皆さまにお願いできるところはお願いしたい
　（例）会場予約の一部，環境整備，ビデオ撮影，HP の写真撮影
②三年生のプレー機会を確保し，週一回は体を動かせるようにしたい
　（例）夏休み前までは通常通り，夏休み週一回トレーニング
③地域の少年団との交流を増やすとともに，工夫を図る
　（例）少年団との合同練習会
④多くの選手に試合での活躍の機会を増やす
　（例）チーム○○とチーム△△
⑤さらなる環境面，育成面の整備
　（例）部室，地域スタッフ（OB），クラブとの交流

【現在の部活動における状況】

学校現場における働き方改革と生徒の心身の健やかな成長のための部活動軽減が大きく取り上げられている。

私たち顧問が大切にしたいのは，【一人一人がうまくなること】であり，勝負は今だけではないということ。

現在，県南地域では，クラブ数の増加，クラブの選手獲得によって，チームが成立しない学校もある。

わがチームも他人事ではなく，毎年進化しなければ，チームが成り立たなくなる危険性がある。

まとめ

・保護者会は大切な所信表明の場である

ルール

45

共に変化の道を追い求める

部活動は時代と共に変わりつつあります。

当たり前のようにあった中学校の朝練がなくなり、土曜日か日曜日のどちらかは必ず休むようになりました。また、少子化に伴い、生徒数・部員数が減少し、廃部の危機となっている部もあります。

その一方で、以前からあったとされる体罰や暴言はＳＮＳ上で拡散され、マスコミの話題となっています。

部活動が以前よりもやりにくい時代になったのかもしれません。

しかし、**私は制約があるからこそ工夫するようになる**と思います。

そして、その**工夫は教員だけで行うものではなく、保護者や外部指導者と共に連携・協力をして行っていくべきだ**と考えています。

私が守谷中学校に赴任した時と現在を比べると、活動の幅がまったく異なります。

それは私一人の力でできたことではありません。間違いなく、保護者や外部指導者のおかげです。

保護者や外部指導者と相談することで、常にチームや部活動は変わってきたと思います。保護者の目線で助言してもらうことで、背中を押してもらうこともあれば、気づかなかったリスクを知ることもできました。

また、外部指導者の競技経験によって、練習方法や内容も変化しました。

ある先生が「現状と同じというのは後退を意味する」とおっしゃっていましたが、まさにその通りで変わらなければ成長はストップします。

変わり続けることが、成長への道なのだと思っています。

これまで多くのことを変えてきましたが、他のチームや部活動も変化しています。

そこから多くのことを学んで、さらなる変化を恐れずにチャレンジしていきたいと考えています。

まとめ

・保護者や外部指導者と共に変わらなければ成長はない

6章

部活トラブル回避のルール

ルール

46

子どもの可能性にストップをかけない ～生徒会・学級委員への挑戦～

部活動には、学校生活と連携させて取り組むことができるというよさがあります。

あいさつ、服装、授業態度等、学校生活の場でも部活動の場でも、繰り返し子どもたちに語ることができるというメリットがあります。また、顧問以外の教員とも関わることができるため、様々な人の話を聞くことで心が成長していきます。

そうすると、生徒会役員や学級委員に立候補しようとする部員が出てきます。

中には、「部活動に支障があるから」「練習ができなくなるから」と言って、部員の立候補にストップをかける人もいますが、私はストップをかけません。

たしかに、練習や活動に支障をきたす時もあります。大会前に練習しようとしたら、生徒会関係で半分もいない時もありました。

それでも、私は子ども自らが挑戦しようとしたことにストップをかけません。

サッカー部はやんちゃな子どもが多く、学校に迷惑をかけることがあります。その分、学校に貢献しなくてはならないという思いも正直あります。

部活動は技術を磨く場でありますが、教育の一環であり、人間性を磨く場です。

それに、**学級や学年、学校に貢献しようとする子どもほど、試合中でも踏んばりがききます。**うまくはないかもしれないですが、頼れる選手になっていきます。

子どもにとっても、「試合が近いのに部活に行けない」という葛藤もあると思いますが、逆に、その葛藤が練習での集中力につながり、自主練習も進んで行うようになります。

部員にとっても、部活動で頑張る仲間の姿に刺激を受けることで、「じゃあ、俺もやってみる」という意識に変わっていきます。

ただ、私は「生徒会役員や学級委員をやれ」とも言いません。

部活動と同じで、やらされている状態では成長しないからです。子どもが自らやろうとする雰囲気をつくることを大切にしたいのです。

まとめ

- 「やれ」とも「やるな」とも言わない
- 生徒会等に挑戦しようとする子どもは頼れる選手になる

ルール

47

下級生にストレスを与えない

多くのチームは、ボールの準備や片づけ、グラウンド整備を一年生がやっていると思います。私は、**三年生や二年生といった上級生がやる**ように指導しています。

その理由は、**一年生といった下級生にストレスを与えない**ためです。

入部したばかりの部活動経験のない一年生にとって、ボールをどのように片づけたらよいのか、グラウンド整備はどのようにやるのか、全てが初めてのことで、わからないことばかりです。

わからない一年生が準備や片づけをするので当然時間がかかります。それで先輩や顧問に叱られたら一年生はどんな気分でしょうか。楽しいと思っていた部活動が全然楽しくなくなります。中学校で部活動に取り組む時間は約二年と長いようで短いです。この短い期間を充実させるのが私たち教員の仕事であり、大切にしたいと考えてきました。

そこで、私は準備や片づけを上級生にやらせるようにしました。

私は、「うまい人ほど努力しなければならない」という言葉を、子どもに話しますが、ここでの努力というのは、準備や片づけといったなかなか見えない部分を含めています。見えない部分までやりきろうとする、汗を流せる人間性があってこそ、技術の成長、試合での結果があると思っています。

上級生が準備や片づけをやるようになってから、準備や片づけの時間が短くなりました。当然、その分、活動する時間が増えました。また、上級生が準備や片づけをすることで、下級生も黙って見ているわけではなく、進んで手伝うようになりました。**準備や片づけを共に行うことで、上級生と下級生がコミュニケーションをとる機会が増え、プレーの面でも教え合う**ようになりました。

そして、**下級生にとって、上級生が憧れの存在**になります。プレーだけでなく、人間性のすばらしさに憧れ、下級生が一生懸命応援するようになっています。

まとめ

- 上級生が準備や片づけをすることで、下級生の憧れとなる
- 上級生がやることで、時間短縮、チーム内のコミュニケーションが増える

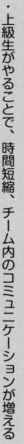

ルール
48
顧問と異なる考えを大切にする
～独裁的にならない～

私は、**教員という職業は鈍感である**と思っています。

それは、ほとんど文句も言わない子どもたちと毎日接しているからです。

特に、部活動では、顧問の言葉に対して、一斉に「はい」と返事をしている光景をよく目にします。時には、理不尽だと思われることに対しても、多くの子どもたちは文句を言わず、顧問についていきます。それがいつの間にか、暴言や体罰につながっていくように思われます。

恥ずかしながら、私も鈍感なことをしてしまったことがたくさんあります。

だからこそ、**顧問と異なる考えを大切にできるような仕組み**が必要だと思います。

多くの学校では、顧問は二人以上いるはずです。

現在、私は女性の先生と一緒にサッカー部を運営しています。その先生は、自らも小学校からずっとサッカーをやっていましたので、サッカーの指導もできます。

先ほども書きましたが、私は何かある時、いつもその女性の先生に相談してきました。相談する理由は、その先生に「いいですね」という言葉を求めているのではなく、「でも……」「それは……」という否定や反対する言葉を期待しているからです。

また、自分と異なる意見を言ってくれる子どもの考えも大切にしています。ちょっと生意気な子どもに見えるかもしれませんが、自分の考えをしっかり述べることは、なかなかできることではないので、すごいことだと思います。

自分と異なる意見によって、自分の考えを再考できますし、リスクを理解したうえで行動を起こすこともできます。

私は、自分自身が鈍感であり、独裁的になりやすいと思っているので、もう一人の顧問の存在がとてもありがたいです。たとえ、もう一人の顧問がその部活動を経験していなくても、教員の目線から子どもたちの人間関係を見てくれたり、子どもたちの意見を聞いてこちらに伝えてくれたりする存在は欠かすことができないと思います。

まとめ

・教員という職業は鈍感であることを自覚する

ルール
49
スピード感をもって ケガの対応・報告を行う

運動にケガはつきものであり、成長段階の中学生は練習中や試合中にケガをすることがあります。だからといって、**ケガをしたら仕方ないではなく、保護者から大切な子どもたちを預かっているという意識をもつべきだ**と思います。

私は、**練習試合でも欠かさず、氷を持参**します。氷があれば、万が一の時にすぐに冷やすことができます。そして、状況に応じて、すぐに病院へ連れていくか、あるいは保護者にお願いして連れていってもらいます。

もう一人の顧問の先生は、自分自身がケガと闘いながら選手生活を続けてきたこともあるので、子どもがケガをした時の対応がものすごく速いです。これも複数体制のメリットだと思います。

また、私は子どもの疲労感も気にします。**疲労がケガにつながる**からです。

疲労を少しでもやわらげ、回復させるために、「アイスバス」という、大きな桶に氷と水を入れたもので、足を冷やさせます。

暑い夏の日の練習では、熱中症対策のため、アイスバスに手を入れさせ、手首を冷やさせます。そのため、どんな時でも、氷は必需品なのです。

毎年、四月の保護者への部活動説明会で医療スタッフをお願いしています。

本格的な医療スタッフは公立学校では難しいかもしれませんが、保護者の中には看護師の方がいらっしゃる場合もあります。実際、熱中症の疑いで具合が悪くなった子どもがいたのですが、看護師をしていらっしゃる保護者の方が迅速に対応してくれました。

今後は、子どもが通う接骨院等との連携も必要になってくると思います。そのきっかけとなるのが、中学生が行う職場体験だと思っています。職場体験を通して、地域の病院とつながりを深めていくことが、子どものケガへの対応といった課題を克服するきっかけになればと思っています。

まとめ

- 大切な子どもたちを預かっているという意識で対応する
- 部活動の医療体制を整える工夫をする

ルール

50

集金などの金銭管理は保護者の力を借りる

私の学校では、集金などの金銭管理は保護者が行うようになっています。

おそらく、多くの学校がそのような仕組みになっていると思われます。

些細なことかもしれませんが、このような当たり前のことを当たり前に行うことが正常な部活動運営につながっていくと思います。

あるチームでは、前顧問の時に購入したユニフォーム代や物品代を支払っていなかったという話を聞いたことがあります。

日々の忙しさに追われると、つい忘れてしまうのもわかります。

だからこそ、金銭管理は保護者の力を借りた方がよいと思います。

私が初任で赴任した十和田市立北園小学校のスポーツ少年団は、全国大会に出場するほど熱心な活動を行っていましたが、私たち指導者は指導に専念できるような環境にありました。

現在のチームでも、集金などの金銭管理は保護者の方がやってくださっています。特に、活動が広がってきた現在は、保護者の協力なしではやっていくことはできません。また、顧問同士で連携・協力することも大切かと思います。

私のチームの場合は、もう一人の顧問の先生が、一旦、子どもたちからお金を預かり、集金係の保護者とやりとりしています。

保護者とのやりとりは、集金したその日に行うようにし、こちらで預かっている時間をゼロにするようにしています。大会の参加費などを立て替えた場合も、遅くとも翌日には申請するなどの対応をしています。

私たち教員が金銭管理をすることには、さまざまなリスクが伴います。正直、私は部活動のお金にタッチしたくありません。なかなか保護者の協力を得られない部もあるかもしれませんが、集金などのリスクを保護者に伝えてはどうでしょうか。

まとめ

- 顧問は指導に専念できる組織づくりをする
- 金銭管理にはリスクが伴うことを保護者に伝える

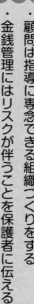

ルール

51

授業を大切にしてこそ部活動がある

「部活動の前に、授業や学校生活がある」ということを、いつも繰り返し語っています。以前、授業をきちんと受けない部員がいました。私は、その日の練習を休みにしました。また、ある時は、「しばらく考えてきなさい」と言って、練習に参加させない時もありました。もちろん、保護者にも連絡しました。

私は、何か**問題が生じた時は、練習をしないというのが一番効果的**だと思っています。「全力が全力を引き出す」という言葉があります。これは、教員の全力、熱が子どもたちに伝わって、子どもたちのやる気を引き出していくという意味です。

私たち教員の仕事は、第一に「授業」です。部活動よりも「授業」が大切です。授業の腕に差はありますが、ほとんどの教員は全力で授業を行います。

その全力に全力で応えてこそ、教員と信頼関係を築くことができますし、学校づくりに貢献できると思っています。もし、他の先生方の全力に応えようとしないのであれば、部活動をやるべきではないと思います。部員には、学校や他の先生方から多くのサポートを受けて、すばらしい環境で部活動をやっていることを自覚し、学校づくりに関わってほしいと願っています。

ただ、**中には、勉強で困っている子どもがいるのも事実**です。

その子どもに対して、他の子どもと同じように「集中して授業を受けなさい」と言うのは好ましい指導ではないと思います。そのような子どもに対し、具体的に何をしていくのか、現在の課題は何なのかを明確に示してあげるのも、私たち教員の仕事だと思います。

授業に集中できない原因を見極めながら、やるべきことをしっかりやらせていくべきです。「授業を大切にしてこそ部活動がある」というのは、教員にも子どもたちにも言えることではないでしょうか。

まとめ

- 練習をしないというのは効果がある
- 授業に集中できない原因を見極めながら指導していく

ルール

52

他の部と連携・協力する

私は、「学校全体をよくしなければ、自分の部が強くなることは絶対にない」と考えています。

現在はなくなりましたが、以前、朝練がありました。

冬の間の朝練は非常に寒いためボールを使わず、素走りといった体力づくりがメインとなります。それはサッカー部だけでなく、野球部も、そして、体育館が使えないバスケットボール部も素走りがメインとなります。

そこで、私は**野球部とバスケットボール部と一緒に素走り**を行うことにしました。「皆で走ればつらくない」を合言葉に走るのです。男子が一斉に集合し、グラウンドを全力で駆け抜ける姿は熱を帯びていました。もちろん、種目の特性によって、走力に違いはありますが、部の枠を越えて互いに励まし合っていました。

そのようなことをやっていると、これまで以上に子どもたちの仲がよくなり、学校内でも互いによい関係を築くことができるようになっていきます。校内ですれ違うと、他の部の子どもから「サッカー部、この前の大会どうでしたか」と聞かれることもありました。

もう一つ、朝の忙しい時間に行われる朝練を、他の教員と協力して行うことができるというメリットもありました。

本校では、**部活動顧問会という各部活動の顧問が集まる場で、互いの部活動の情報交換**をしています。

ある先生から「試合中に足がひきつってしまう」という相談を受けたことがありました。そこで、サッカー部が試合の二〜三日前に行う練習を紹介したところ、試合で足がひきつらなくなったという報告を受けました。

他の部から刺激を受け、連携・協力して共に強くなっていくと学校は盛り上がっていくと思います。

まとめ

- 「自分の部だけ」という考えでは強くなれない
- 部活動顧問会で情報交換をする

ルール

53

目に見えない部分を見る努力をする

それぞれの部には、部室というものがあると思います。私のチームには、部員が着替えを行ったり、自分のバッグを置いたりする部室はなく、ボールなどの荷物を置くただの物置しかありません。

私は、時々、その物置を見に行きます。**物置の様子を見れば、子どもたちの様子を感じ取ることができる**からです。用具が整理整頓されていなければ、黄色信号だと思って、すぐに子どもたちを集めて話をします。

私が初任者の頃、授業中に教頭先生が私の教室にきました。「授業の様子を見にきたのかな」と思っていると、教室後方にあった掃除用具入れの扉を開けて確認したのです。そして、教頭先生はそのまま教室を出ていかれました。「あ〜」という気持ちでその後の授業をしたことを今でも覚えています。

放課後、教頭先生が「掃除用具を見れば、学級の様子がわかる」と話してくださいました。二十年近く経った今、教頭先生が話してくださったことの大切さを痛感しています。

子どもたちの様子は、目に見えるものばかりではなく、目に見えないこともあります。**目に見えない部分をどう感じ取るか、私の場合は物置を見に行くことだったのです。**

現在、多くのチームが靴を整理して並べている光景を目にします。

私も靴をきれいに並べることは大切だと思いますが、あまり口うるさく言いません。私が言えば、子どもたちはきちんと靴を並べます。しかし、それは子どもたちの自然な姿ではありません。それにうるさく言わない方が、子どもたちの様子を見ることができるからです。例えば、私は試合のウォーミングアップ前に子どもたちの靴や荷物を見ています。そして、ウォーミングアップが始まる前に、子どもたちに「体のアップの前に、心のアップをしなさい」と言います。多くの子どもたちが一斉に荷物置き場に走っていきます。形式上、荷物や靴をそろえるだけでなく、いかにその部分を意識づけしていくか、まだまだ私も勉強中です。

まとめ

・目に見えにくい部分は荷物や靴から子どもの様子を感じ取る

ルール
54
子どもの意思を尊重する
～退部も一つの選択肢である～

中学校を卒業し、四月、中学校に顔を出す子どもがいます。多くの子どもたちがうれしそうに「〇〇部に入った」と報告してくれます。

しかし、数か月経つと、「先生、部活やめました」という報告があったり、「〇〇、部活やめたらしいよ」と風の便りで伝わってきたりすることがあります。

部をやめるというと、どうしても悪いイメージがありますが、私はそうは思いません。いや、今の私だったら……と言った方が正確かもしれません。部活動に全てを捧げてきた私は、「部をやめる＝悪いこと」と以前は考えていました。

しかし、私たちが育ってきた環境と現在は大きく異なり、さまざまな選択肢があります。例えば、高校のサッカー部をやめ、地方のクラブチームに所属してサッカーを続けている子どももいます。高校のサッカー部は続けられなくとも、サッカーは続けているのです。

何かをやめる時は、何かを始める時でもあります。私たち教員・指導者は、部活動を続

けられるようにするのと同じくらい、新たな選択肢を与えることも大切な役目だと思います。

子どもの退部の理由はさまざまあると思います。もしかしたら、顧問とうまくいかなくて退部を希望する場合、子ども自身に問題があることもあるかもしれません。たとえ、そのような子どもがいたとしても、決して子どもの悪口を言わず、次への方向を示してあげることくらいは、私たち教員はすべきだと思います。

その一方で、退部という選択肢も認めつつ、子どもや保護者と話し合い、続けられる道を探しながら、「退部者ゼロ」という目標ももち続けていきたいです。

部活動の紹介ＨＰや記事を見ていると、大会の結果はのっていますが、退部者の情報がのっているチームはそうありません。保護者にとって、大会の結果も大事ですが、わが子が安心して部活動に臨めるかどうかを知りたいはずです。もちろん、個人情報の問題、退部した子どもへの配慮を欠かすことのないようにして、情報を伝えるべきだと思います。

まとめ

・退部という選択を認め、指導者として最後まで対応する

ルール

55

保護者と共に子どもの成長を考える

四月の授業参観で、私たち教員は保護者に対して「家で先生や学校の悪口を言わないでほしい」という要望を伝えることがあります。これは、保護者が子どもの前で先生や学校の悪口を言っても、何一つ解決しないからです。

もちろん、私たち教員には保護者の意見に耳を傾ける姿勢は必要です。**忘れてはならないのは、教員も保護者も、子どもたちの成長を願っているのは一緒であるということです。**

そのうえで、教員と保護者のそれぞれの立場で、子どもたちの成長のために何をするのかを共に考えていく必要があります。

私の場合、もう一人の顧問の先生が女性ということもあり、保護者と私の間にうまく入ってくれるので、保護者も相談しやすいところがあります。また、その先生も全てを私に話すのではなく、フィルターのように私に伝える情報を取捨選択してくれます。

その情報を基に即時対応すべき問題であれば、すぐに行動に移します。

もちろん、管理職への報告や相談も行ったうえで、すぐに行動します。そうすると、ほとんどはよい方向へ向かいます。これまでの経験になりますが、保護者に教員の行動を見せることが信頼関係を築く一歩になると思っています。担任や生徒指導主事という立場で保護者と何度も面談を行ってきましたが、面談は保護者と対立する場ではありません。保護者と共に子どもたちをよりよく、成長させるために話し合う場です。学校、家庭ですべきことを確認し、具体的な方策を講じていけるチャンスです。

ある保護者に「担任との面談の他に、部活動顧問との面談の機会もほしい」と言われたことがありました。

保護者とのトラブルの原因は、コミュニケーション不足だと言われています。

例えば、教員の多忙を解消するため、四・五月の家庭訪問をなくしている学校があるようですが、今一度、家庭訪問の必要性を考えてみてもよいかもしれません。

まとめ

・保護者と共に子どもの成長を考えた行動をする

ルール
56
リスクが気になる時は無理をしない

部活動をずっとやっていると、悩む場面が必ず出てきます。

例えば、外での部活動であれば、雨が降った時に活動をどうするか、判断に悩む時期があります。私のチームは、土日の活動の多くは、学校近くの常総運動公園の人工芝で試合か練習を行うので、多少の雨でも活動します。

しかし、子どもたちの移動手段が自転車のため、雨の強さによっては活動するかどうか決断しなければならない時があります。

そのように悩んだ時は、無理をしないことを心がけています。

せっかくの人工芝の会場なのでやりたい気持ちはあります。

しかし、**部活動をずっと続けていくためには、無理をしないであきらめることも必要な**のではないかと思います。

二十代の頃の私だったら、負けることへの不安から、強引に活動をしていたと思います。

現在は、年を重ねたせいか、そこまで無理をしなくなりました。

部活動は、顧問がつかない時に限って、事故が起こるものです。

そして、不安が少しでも頭をよぎる時は、やはり何か起きるものです。以前、相手チームの都合で、当日になって、練習試合数が増えたことがありました。私としては、大会を控えていたこともあり、正直やりたくないと思っていました。そうしたら、チームの中心選手が負傷させられてしまったことがありました。

あの時、不安に思った瞬間に「自分が断っていれば……」という後悔が残りました。

自分が管理できないことは管理しない方がよいですし、無理は禁物だと思います。

逆に、自分が管理できることはしっかり管理した方がよいでしょう。

試合中、「リスクを冒すプレー」がありますが、やみくもに勢い任せにプレーすることではありません。優秀な選手はリスクを理解したうえでチャレンジします。それと同じようにリスクを理解したうえで決断、実行していくことが必要だと思います。

まとめ

・悩んだ時は無理をしないこと、それが長く続けていけることにつながる

あとがき

なんとか、あとがきまでたどりつきました。

自分の原稿を読み返すと、週休二日への具体的な対応があまり書かれていないことに気がつきました。

苦しい言い訳になりますが、私の部活動改革は週休二日にどう対応するかを目指していたわけではなく、週休二日を設定しなければならないことが部活動改革を始めるきっかけになったと言えます。

もし、週二日の休養日の設定がなかったら、一気に人的体制を整えられなかったと思いますし、保護者に協力を依頼することをためらっていたかもしれません。

今、振り返ると、私の場合、週二日の休養日の設定による影響はほとんどなかったように感じます。

これまでも、土曜日か日曜日のどちらかは顧問同士で分担して指導を行うこともありましたし、短い時間で活動を終え、自分の時間を確保していました。

休むことによって、身体が大きくなることもわかっていたので、積極的に休みを入れるようにもしていました。

あえて言うならば、週二日の休養日の設定によって、地方大会が削減されてしまい、子どもたちの真剣勝負の場が減ってしまったことくらいです。

ただ、これも考え方次第ですが、地方大会による真剣勝負が減った一方で、子どもたちのケガのリスクも減りました。これまで地方大会で力を使い尽くしてしまったり、ケガをしてしまったりしたこともあったので、子どもたちのコンディションのためには「まあ、いいか」と前向きに考えています。


さて、本書を読んでおわかりになったと思いますが、私が実践したことは、本当にちっぽけなことばかりです。

おそらく、皆さんの方が私以上にすばらしい実践をされていることでしょう。

また、部活動で全国大会に出場するなど、すばらしい実績を残されている方もたくさんいるでしょう。

私がやっていることは、誰でもできることだと思います。

ただし、これだけは外せなかったこと。

それは、「自分を支え、励ましてくれる仲間がいる」ということです。

本文中ではお名前を伏せましたが、守谷中学校では、町田香校長先生（現在　守谷市教育長）と辺見芳宏校長先生のお二人の校長先生をはじめ、学年主任の川嶋ひろみ先生やもう一人の顧問として一緒に戦った佐藤和沙先生など、守谷中学校の先生方の支えのおかげで、充実した部活動ができたと確信しております。

また、初任校の青森県十和田市立北園小学校の先生方、十和田北園ＳＳＳ（竹島勝昭代表）にも心から感謝しております。特に、秋戸彩史先生は師匠と言うべき存在であり、秋戸先生から多くのことを学ばせていただきました。ありがとうございました。


本書を書き終えた頃、私は守谷市立守谷中学校から異動することが決まりました。

多くの仲間や子どもたち、保護者に支えられながら、本当に充実した守谷中学校での七年間を過ごすことができました。

そして、教員としても人間としても大きく成長することができたと思います。

私は、「守谷中サッカー部が一つのモデルとなり、他のチームや部活動から参考にされるようなチームにしたい」という思いをもっていました。

幸い、年々チームの成績はよくなっていき、チームは過去最高の成績を残すことができました。

私の異動を知った方から、「残念でしたね。もう一年見たかったでしょ」と声をかけられましたが、逆に私は楽しみでもあります。

それは、私の異動によって、私が一貫して考えてきた「顧問の影響を受けないチームづくり」が、さらにどのような変化や成長を遂げてくれるのか、楽しみだからです。

四月、守谷中サッカー部は、何事もなかったかのように、新体制でチームが動き始めました。そこには、部活動指導員や外部指導者の姿もありました。

私が思い描いたように、「持続可能な部活動」となりつつあります。

最後に、現在の私は、小学校教員としての日々を過ごしています。

これまで部活動運営や指導方法で学んだこと、成長できたことを、学校づくりという形で生かしてみたいと思っています。

そして、いつか再び、部活動に携わりたいと思います。

倉岡　正英

【著者紹介】

倉岡　正英（くらおか　まさひで）

青森県十和田市出身。青森県内，神奈川県横浜市，茨城県守谷市の公立小学校教諭を経て，茨城県守谷市立守谷中学校で初めての中学校勤務。野球部で１年間，サッカー部で６年間，部活動に携わる。2019年現在，茨城県常総市立三妻小学校教諭。

週休２日でも強い部活にできる！
部活動顧問の仕事のルール

2019年９月初版第１刷刊　©著　者　倉　岡　正　英
発行者　藤　原　光　政
発行所　明治図書出版株式会社
http://www.meijitosho.co.jp
（企画）茅野　現（校正）嵯峨裕子
〒114-0023　東京都北区滝野川7-46-1
振替00160-5-151318　電話03(5907)6701
ご注文窓口　電話03(5907)6668

＊検印省略　組版所　株　式　会　社　カ　シ　ヨ

Printed in Japan　ISBN978-4-18-078820-0